Eva-Maria Götz I Gesine Wolf

Kartäuser & Co.
Kurzhaarkatzen

2., aktualisierte und neu gestaltete Auflage

63 Farbfotos
28 Zeichnungen

Ulmer

Inhalt

Vorwort

Seit ein kleiner, schwarz-silberner Kater in der Fernsehwerbung für Katzenfutter nach seinen Abenteuern zum Weinen schön schnurrt, wenn er wieder sicher zu Hause auf den Knien seiner Besitzerin liegt, seit eine blaue Katze mit Frauchen Nasenküsse austauscht zum Dank fürs feine Futter mit Petersiliengarnierung oder seit die blütenweiße Katzenschönheit makellose Sauberkeit verkörpert, ist die Nachfrage nach diesen Katzenrassen gestiegen. Gleichzeitig tauchen in den Tierheimen regelmäßig zu den Ferienzeiten unerwünschte, lästig gewordene Katzen auf. Sie alle waren einmal so herzzerreißend süß, als sie noch Katzenkinder waren!

Trotzdem steht kaum ein anderes Haustier so für Wohlbehagen, Gemütlichkeit, Wärme, unaufdringliches Einfach-da-Sein wie die Katze. Einen schnurrenden Schmusetiger auf dem Schoß, und die Welt draußen ist vergessen. Der Stress, die Hektik des täglichen Lebens scheinen nicht mehr zu existieren. Tatsächlich wurde festgestellt, dass Katzen einen beruhigenden Einfluss auf Menschen haben. Die Blut- und Cholesterinwerte sind bei Leuten, die ein Tier pflegen, deutlich besser. Sowohl Mediziner als auch Psychologen sprechen sich für eine Tierhaltung in Altenheimen aus und sehen darin eine der erfolgreichsten Therapien gegen Siechtum und Vereinsamung.

Auch Künstler und Gelehrte liebten Katzen in ihrer Nähe, die ihnen Inspiration und Muse waren. Hemingway lebte von einer ganzen Schar Katzen umgeben in Kuba und St. Patrick, der Nationalheilige Irlands, schrieb bewundernd über Pangur Ban, den Kater, der seine Klause teilte.

Katzen schließen sich dem Menschen aus freien Stücken an. Man kann sie nicht zum Schmusen zwingen, wenn einem gerade der Sinn danach steht. Sie sind immer noch die Jäger, die dämmerungsaktiven Raubtiere und mancher von uns würde sich wahrscheinlich wundern, welche Abenteuer sein Kuscheltiger nachts erlebt, wenn er frei laufen darf. Selbst die meisten Großstädter von heute wissen noch irgendeine Katzengeschichte zu erzählen, sei es aus der Kindheit oder von einem Urlaub auf dem Land. Meist geht es dabei um ganz normale Hauskatzen, die irgendwie immer da zu sein scheinen.

Die gezüchteten kurzhaarigen Katzenrassen oder Kurzhaar-Katzenrassen, die in diesem Buch beschrieben werden, sind allesamt Abkömmlinge

Katzen – mal aufgerollt beim Schlaf, mal wild verspielt wie dieser kleine Tiger, sind seit längerer Zeit aus dem Leben der Menschen nicht mehr wegzudenken.

unserer Hauskatzen. Ob aus England, Frankreich, Amerika oder Deutschland, sie sind unterschiedlich und haben je nach Herkunft ihren eigenen Reiz.

Gerade weil heute Katzen wegen des Verkehrs immer mehr in Wohnungen gehalten werden, legen Katzenbesitzer viel Wert auf den passenden Charakter und das gewünschte Aussehen des Stubentigers. Bei Wohnungshaltung muss man sich darüber Gedanken machen, wie man die richtigen Bedingungen schafft, damit die Samtpfote nicht ein tristes, langweiliges Leben vor sich hat. Das Geschäft rund um und mit den Heimtieren floriert, auch die Anzahl der Züchter verschiedenster Katzenrassen ist riesig. Es gibt alles zu kaufen, was eine Wohnungskatze braucht – bis auf das Wichtigste: unsere Zuwendung und unsere Zeit. Die müssen wir unserer Katze schenken.

Schmusig und kuschelig ist fast jede Katze, die an Menschen gewöhnt ist. Das darf aber nie der einzige Grund sein, ein Kätzchen zu sich zu nehmen. Für alle Katzenliebhaber, besonders aber für die Menschen, die unseren Hauskatzentyp am liebsten mögen und solche, die vielleicht gerade zum ersten Mal von einer Katze um den Finger gewickelt worden sind und jetzt mehr wissen wollen, ist dieses Buch geschrieben.

Es kann der Beginn einer großen Freundschaft sein. Junge Katzen kommen mit Kindern gut klar.

Stuttgart und Ingelheim,
im Frühjahr 2007
Gesine Wolf
Dr. Eva-Maria Götz

Die Rassen

Wann ist eine Katze eine Rassekatze?

Jede Katze ohne Ahnentafel ist ein Tier unbekannter Herkunft und niemals eine Rassekatze. Seine genaue Abstammung kann nicht ermittelt werden, weil es die entsprechenden authentischen Unterlagen dazu nicht gibt.

Kurzhaarkatzen gehören immer noch zu den beliebtesten Rassekatzen, obwohl es inzwischen so viele Rassen gibt, dass jeder Katzenfreund entsprechend seines Temperaments und Geschmacks sein Lieblingstier finden kann. Es gibt sehr viele Züchter, denn die Nachfrage nach Katzen ist groß. Leider geschieht Katzenzucht nicht immer zum Vorteil der Tiere. In der Hoffnung, ein Geschäft zu machen, wurden in den vergangenen Jahren Jungtiere im Überangebot auf den bereits ziemlich kommerzialisierten Heimtiermarkt gebracht. Für den Laien ist nur schwer zu überblicken, was wirklich Rasse ist und Klasse hat. Der Kaufinteressent muss mit Vorsicht und gesundem Misstrauen an sein Vorhaben gehen, wenn er sich entschieden hat, ein Jungtier aus verantwortungsvoller Zucht zu suchen.

Der Grundsatz ist: eine Rassekatze ist nicht eine Katze, die mehr oder weniger so aussieht wie ein standardtypischer Vertreter einer anerkannten Katzenrasse – eine Rassekatze ist eine Katze, die einen **Abstammungsnachweis** hat. Dieser muss von einem eingetragenen Zuchtverein ausgestellt worden sein. Um eine Ahnentafel, **Stammbaum** oder Pedigree genannt, für sein Jungtier zu erhalten, unterwirft sich der seriöse Züchter strengen tierschützerischen und zuchtspezifischen Auflagen.

Die Kurzhaar-Rassekatzen entstanden in den Herkunftsländern ursprünglich aus teilweise freilebenden Hauskatzen, die sich dem Menschen angeschlossen hatten. Die gezielte Zucht begann erst, als man entdeckte, dass sie sich von anderen Hauskatzentypen zum Beispiel in der Farbe deutlich unterschieden. Mit dem Fortschreiten der Zucht wurde ein **Rassestandard** aufgestellt, der im Detail beschreibt, wie die ursprüngliche, typische Katze der jeweiligen Rasse aussehen soll. An diesem Rassestandard orientiert sich der Züchter.

Kurzhaarrassen wie die Britisch, Europäisch oder Amerikanisch Kurzhaar, die Chartreux und Bleu Russe sind auf den ersten Blick von unseren ganz normalen Hauskatzen nicht leicht zu unterscheiden, obwohl ihre Zuchtgeschichte teils bis weit in die Vergangenheit reicht. So sollen bereits im 16. Jahrhundert Kartäusermönche blaue Katzen gezüchtet haben und 1756 beschrieb Jean Louis Buffon diese einfarbig blaue Katzenrasse in seiner Naturgeschichte. Chartreux-Katzen gibt es nur in blaugrauer Farbe. Diese muss durch

Rechte Seite: Britisch Kurzhaar-Katzenkinder in der seltenen Farbe Creme.

gezielte Zucht, das heißt ausschließlicher Verpaarung blauer Katzen untereinander, rein erhalten werden. Aufgrund der genetischen Eigentümlichkeit des verantwortlichen Farbgens würde die nächste Generation nicht mehr die blaue Farbe zeigen, sollte einer der Paarungspartner eine andere, typische Farbe der Hauskatze – beispielsweise schwarz, getigert oder gescheckt – aufweisen. Heute werden kurzhaarige Katzen in vielen Farben gezüchtet, in denen sie in der Natur nicht vorkommen würden, sondern die nur durch gezielte Zuchtarbeit und -planung möglich sind.

Britisch Kurzhaar

Herkunft der Rasse

Eine der beliebtesten Katzenrassen, die in Deutschland viele Freunde gefunden hat, ist die British Shorthair = Britisch Kurzhaar (BKH). Wer kennt nicht den schnurrenden Silbertiger aus der Katzenfutterwerbung oder die einfarbig blaue Katze mit dem Kuschelfell? Diese kräftigen, dickbepelzten, ursprünglich aus England stammenden Kurzhaarkatzen sind aus Kreuzungen von blauen Persern und echten britischen Hauskatzen hervorgegangen, und es gibt sie nicht nur in Blau und Silbertabby.

Viele Farben hat der europäische Züchterfleiß inzwischen in vollendeter Schönheit hervorgebracht. Außer prächtigen Silbernen und Goldenen gibt es wunderschöne „bunte" Katzen, die sogenannten Bi- und Tricolors mit Weißscheckung. Alle erdenklichen Perserfarben sind auch bei den British Shorthair erlaubt, und das sind nicht wenige. Selbst als Colour Points, also mit Siamabzeichen, kann man sie auf Ausstellungen bewundern. Was vor etwa hundert Jahren in England begann, schnurrt heute in aller Welt in Dutzenden von Farbschlägen.

Früher wurde übrigens auch die Britisch Kurzhaar Blau (auch British Blue genannt) häufig als Kartäuser bezeichnet, weil die Zuchtlinien dieser Rasse und der französischen Chartreux (=Kartäuser) zeitweilig vermischt wurden. Inzwischen sind die beiden Rassen wieder streng getrennt - auch wenn sie sich nach wie vor sehr ähnlich sehen.

Einige europäische Züchter waren der Ansicht, die Britisch Kurzhaar tendiere in der Kopf- und Körperform zu stark zum sehr gedrungenen Perser mit Puppengesicht, was sicherlich auf die stattgefundenen Persereinkreuzungen zurückzuführen ist. Diese Züchter strebten an, eine etwas schlankere Katze mit festerem, witterungsbeständigen Fell zu züchten, die der europäischen Hauskatze optimal entsprechen sollte. Diese Katzenrasse sollte fortan den Namen Europäisch Kurzhaar tragen (siehe

Der schönste Platz ist eine gemütliche Höhle.

Linke Seite: Eine ausdrucksvolle Katzenpersönlichkeit – die Britisch Kurzhaar in Schwarz.

Ausstellungsstandard (F.I.Fe.) der Britisch Kurzhaar

Allgemein	Größe	groß bis mittelgroß
Kopf	Form Nase Kinn	rund und massiv mit breitem Schädel kurz, breit und gerade mit einer leichten Einbuchtung, jedoch kein Stopp wie bei den „Exotic" kräftig
Ohren	Form Platzierung	klein und an den Spitzen leicht abgerundet weit gestellt
Augen	Form Farbe	groß, rund, weit geöffnet und weit auseinander gesetzt ➔ kupferfarben oder dunkelorange ➔ blau ➔ odd eyed ➔ grün oder blaugrün, grün bevorzugt
Hals		Der Kopf sitzt auf einem kurzen, sehr kräftigen und gut entwickelten Hals.
Körper	Struktur	muskulös, gedrungen Breite Brust, Schultern und Rücken stark und kräftig
Beine 	 Pfoten	kurz und stämmig rund und kräftig
Schwanz		kurz und dick, leicht gerundet an der Spitze
Fell	Struktur Farbe	kurz und dicht, nicht flach anliegend und mit guter Unterwolle. Feine Textur. Jedes Haar sollte bis zur Wurzel einheitlich in der Farbe sein, ausgenommen bei den Tabby- und Silbervarietäten. (Farben siehe Tabellen S.82, 83 und 84)

S. 14) und die kräftigeren britschen Katzen mit weicherem Fell und dickeren Köpfen sollten als Britisch Kurzhaar gelten. Diese Trennung wurde 1982 durch die F.I.Fe. (Fédération Internationale Féline, internationale Züchterdachorganisation) festgelegt.

Die Pflege der Britisch Kurzhaar ist recht einfach: regelmäßiges Bürsten, besonders zu Zeiten des Haarwechsels, genügt. Baden und Pudern ist völlig unnötig.

Rassestandard

Die oben abgebildete Übersicht stellt die wichtigsten Punkte des Ausstellungsstandards für Britisch-Kurzhaar-Katzen dar. Daraus lassen sich die verschiedenen Einzelheiten des Idealbildes entnehmen, dem unsere liebenswerten Briten entsprechen sollten.

Rechte Seite: Junge Britisch Kurzhaar in Blau und Lilac.

F.I.Fe.-STAMMBAUM **1. DEKZV e.V.**

Älteste Organisation und Zuchtbuchführung für Rassekatzen in Deutschland (seit 1922) Einziges deutsches Mitglied der F.I.Fe

FEDERATION INTERNATIONALE FELINE

Eintragungen in diesem Stammbaum dürfen nur durch die Zuchtbuchstelle vorgenommen werden.

Name: Lisa of Dreamcastle

Geworfen: 24.September.1998 | Farbe: lilac BRI-c

Geschlecht: weiblich | Rasse: Brit.Kurzhaar

Eingetr. ZB-Nr.: 254606

Züchter: Joachim Stolp 026246

Wohnung: Haldenstr. 29, 70771 L.E.-Stetten

Eltern	Großeltern	Urgroßeltern	Ururgroßeltern
Vater Blue-Karle	IC. 173121 Kalli v. d. Allmend	EC. 130854 Cattepoel's Big Spender BRI-a	*WW. Nicodemus v. Rednil BRI-a Cattepoel's Blue Babsy BRI-a
of Dreamcastle	Farbe blau BRI-a	GIC. 142078 Fee v. d. Allmend BRI-a	*WW. Nicodemus v. Rednil BRI-a IC. Carolina <DB> BRI-w-62
Farbe blau BRI-a	170824 Blue-Wilma of Dreamcastle	IC. 142700 Morgaine's Lilac Liberty BRI-c	Bartalan v. Diaspora BRI-b Panda's Bedtime Story BRI-g
ZB-Nr. 199491	Farbe blau BRI-a	160196 Bavarians Blue Quick-Silver BRI-a	CH. Bavarians Blue Onkel Otto BRI-a GIC. Bavarians Blue Lady F BRI-a
Mutter Tante-Trude	214082 Azzaro of Dreamcastle	199491 Blue-Karle of Dreamcastle BRI-a	IC. Kalli v. d. Allmend BRI-a Blue-Wilma of Dreamcastle BRI-a
of Dreamcastle	Farbe blau BRI-a	CH. 129191 Isabel v. Kiesel-Hauf BRI-g	Sammy aus dem Harzerland BRI-a Helena v. Burg Herstelle BRI-e
Farbe blau BRI-a	228435 Babette v. Lady's Home	229142 Cattepoel Josef v.Sternberg BRI-a	CH. Morgaine's Victor Valesques BRI-a Cattepoel's Fantasy in Blue BRI-a
ZB-Nr. 240979	Farbe blau BRI-a	CH. 204233 Cattepoel's K.Schwarzkopf BRI-n	Cattepoel's Shoeshine Boy BRI-n Betw.TheSheets v.Pendragon BRI-a

Prämiierungen auf Ausstellungen:
(Vom Besitzer selbst einzutragen)

Asslar 28.01.99
Die Zuchtbuchstelle

Erläuterungen zu Prämiierungen: Ch. Int. = Internationaler Champion Ch. = Champion CACIB = Internationale Siegeranwartschaft CAC = Siegeranwartschaft

Abstammungsurkunde.

Wesen und Eigenschaften

Die gemütlichen Briten lieben die Geselligkeit in Maßen und sind ruhige, angenehme Hausgenossen. Sie mögen es, gestreichelt zu werden, allzu intensiv-aufdringliche Liebesbezeugungen seitens ihres Besitzers sind ihnen aber oft ein wenig zu viel. Sie möchten gerne selbst entscheiden, wann mit wem wieviel geschmust wird. Ihre Stimme ist lieblich und leise. Wegen ihres gemäßigten **Temperaments** eignen sie sich sehr für die reine Wohnungshaltung, sind aber dennoch dankbar, wenn sie Zugang zu einem gesicherten Balkon haben, um ein wenig behaglich in der Sonne liegen zu können.

Durch ihren kompakten Körperbau neigen sie leicht zu Übergewicht. Deshalb sollten sie nach der Kastration von ihrem Besitzer vermehrt zum Spielen aufgefordert werden, damit sie in Form bleiben.

Die Kätzinnen sind gute Mütter, die ihre zum Teil großen Würfe spielend aufziehen und ernähren. Die frohwüchsigen Jungtiere machen dem Züchter viel Freude, ernste Probleme gibt es selten.

Oben: Katzenmütter kümmern sich aufopfernd um ihrem Nachwuchs.

Rechts: Nichts ist vor der Neugier dieses blauen Katzenbabys sicher.

Europäisch Kurzhaar

Herkunft der Rasse

Die Europäisch Kurzhaar (EKH) entspricht der Reinzuchtform unserer bodenständigen, mitteleuropäischen Hauskatze. Eine Katze, die unserer Landschaft und unserem Klima perfekt angepasst ist. Obwohl die Hauskatze seit Jahrhunderten stete Begleiterin der Menschen war, ist ihre gezielte Zucht nach festgelegten Farbmustern und Standards relativ neu. Sie entwickelte sich eigentlich erst nach dem Zweiten Weltkrieg zu voller Blüte, wobei man sich stark am britischen Vorbild orientierte. Dies führte dazu, dass Perserkatzen eingekreuzt wurden, um das Standardziel zu erreichen und eine größere Farbvielfalt zu fixieren. Langfristig änderte sich dadurch der Typ in einer unerwünschten Weise. Die Köpfe wurden zu massig, hässliche Tränaugen und Gebissfehler schlichen sich ein, schließlich litt auch die Felltextur – das dichte, kurze, feuchtigkeitsabweisende Hauskatzenfell wurde zu plüschig und weich, um der nordeuropäischen Witterung zu trotzen. Dies sorgte insbesondere bei den skandinavischen Züchtern der Fédération Internationale Féline für Ablehnung, die einen eindeutig „wetterfesten", naturbelassenen Europäertyp schätzten. Als Konsequenz folgte deshalb 1982 in der F.I.Fe. eine Trennung der Kurzhaarschläge: die nach britischem Vorbild über Perser eingekreuzten Linien wurden als Britisch Kurhaar, die schlankeren Stämme mit mehr Hauskatzenblut als Europäisch Kurzhaar eingestuft. Eine Vermischung beider Schläge ist absolut unerwünscht.

In den frühen 1980er Jahren kam viel frisches Blut aus der Hauskatzenpopulation über die „Novizenklassen" in den Bestand der Europäisch Kurzhaar. In dieser Novizenklasse auf Katzenausstellungen konnte Tieren ohne Stammbaum unter bestimmten Bedingungen Zuchtstatus zugesprochen werden. Sie mussten dazu von einer Reihe von Richtern als dem Standard entsprechend bewertet werden. Die Anforderungen waren allerdings sehr hoch, denn es ging darum, dass nur wirklich eindeutig rassetypische Tiere neu in das Zuchtbuch eingetragen wurden. Die Novizenklasse für die Europäisch Kurzhaar ist heute geschlossen. Die Rasse ist einheitlich durchgezüchtet und braucht keine Hauskatzeneinkreuzungen mehr.

Rechte Seite: Draußen im Grünen gibt es Spannendes zu beobachten: raschelt da etwa eine Maus?

Erst gähnen, dann strecken, dann spielen …

Ausstellungsstandard (F.I.Fe.) der Europäisch Kurzhaar

Allgemein		Die Europäer entsprechen einer Art „Zahm"-Katze, die sich natürlich, i.e. ohne spezielle Zuchtregeln entwickelt hat
	Gesamteindruck	Es wird vorausgesetzt, dass die „ideale" Europäer-Katze vollständig frei von Einkreuzungen anderer Rassen ist. Die Zucht soll darauf basieren, einen Körpertyp zu festigen, der robust und geschmeidig ist und sich, anatomisch betrachtet, nicht von der europäischen gezähmten Katze unterscheidet.
	Größe	mittel bis groß
Kopf	Form	ziemlich groß. Das Gesicht macht den Eindruck, gerundet zu sein, ist jedoch etwas länger als breit.
	Stirn/Schädel	Stirn und Schädel leicht gerundet
	Wangen	gut entwickelt
	Nase	gerade, mittellang und gleich breit in der ganzen Länge Der Ansatz an der Stirn muss deutlich definiert sein.
	Kinn	kräftig
Ohren	Form	mittelgroß, leicht gerundet an den Spitzen, können Haarbüschel haben. Die Höhe der Ohren entspricht der Breite am Ansatz.
	Platzierung	gut auseinander gesetzt, ziemlich aufrecht stehend
Augen	Form	→ rund und offen, weit auseinander und leich schräg gestellt
	Farbe	→ klare und reine Farbe → grün, gelb oder orange → blau → odd eyed: ein Auge blau, das andere grün, gelb oder orange
Hals		mittellang und muskulös
Körper	Struktur	→ robust, stark und muskulös; nicht cobby → Brustkorb rund und gut entwickelt
Beine		stark und sehr kräftig, mittellang; gleichmäßig schmaler werdend zu festen runden Pfoten
Schwanz		mittellang, ziemlich dick am Ansatz, verjüngt sich gleichmäßig zu einer gerundeten Schwanzspitze
Fell	Struktur	kurz und dicht; fest und glänzend
	Farbe	weiß, schwarz, blau, rot, creme, schildpatt schwarz, schildpatt blau. Alle genannten Farben mit Silber, (Smoke) Tabby, Silber Tabby, Weißscheckung (Van, Harlekin, Bicolor)
Anmerkungen		Aus Rassenkreuzungen stammende Fellfarben sind nicht erlaubt.
Fehler	Kopf	Hängewangen
	Größe	zu große Katzen
Fehler, die das Zertifikat ausschließen	Kopf	deutlicher Stopp der Nase
	Körper	→ zu gedrungen (cobby) → zu schlank
	Fell	→ langes oder wolliges Fell → jedes Zeichen von Einkreuzung anderer Rassen (Hybriden)

Rassestandard

Die Übersicht auf der linken Seite stellt die wichtigsten Punkte des Ausstellungsstandard der Fédération Internationale Féline für Europäisch Kurzhaar vor. Aus dieser Übersicht lässt sich entnehmen, wie die typische Vertreterin dieser alten Katzenrasse aussehen soll.

Wesen und Eigenschaften

Von ihren Eigenschaften und ihrem **Wesen** entspricht die Europäisch Kurzhaar perfekt unserer Hauskatze, wie wir sie alle aus unserer Kindheit kennen. Robust und freiheitsliebend, eine gute Jägerin, aber auch eine anhängliche und kinderfreundliche Familienkatze, die gern mit dem Haushund den Korb teilt, wenn sie daran gewöhnt ist.

Wenn die sich Rassekatzenzucht weiter so entwickelt wie bisher und sich durch falsche Methoden wie, verstärkte Inzucht, falsche Zuchtziele wie Übertreibung der Ausprägung von Typmerkmalen ins Extreme immer mehr Probleme einstellen, wird man eines Tages froh sein, die Europäisch Kurzhaar als unverfälschtes Reservoir und „Genbank“ für gefährdete Rassen nutzen zu können. Schon aus diesem Grund sollte die EKH möglichst viele Freunde bei Züchtern und Liebhabern finden. Sie könnte eines Tages einen wertvollen Beitrag zum Erhalt der Rassekatzenzucht leisten.

Rote Katzen sind recht selten. Dies liegt am speziellen Vererbungsmechanismus der roten Fellfarbe.

Chartreux – die Kartäuserkatze

Linke Seite: Schon im Mittelalter gab es die blauen Kartäuserkatzen.

Herkunft der Rasse

Als eine sehr alte Rasse hat die französische Chartreux eine bewegte Geschichte. Ihre Wurzeln reichen bis zum Mittelalter zurück. Der typische Name „Chat des Chartreux“ findet sich in Frankreich bereits Anfang des 18. Jahrhunderts und es werden Geschichten darüber erzählt, dass die Rasse ursprünglich vor Jahrhunderten von Kartäusermönchen begründet worden sei, um der Rattenplage abzuhelfen.

Die Chartreux ist für den Laien fast nicht von der British Shorthair Blue zu unterscheiden. Im Jahre 1935 wurde für die Chartreux in Frankreich der erste Rassestandard festgelegt. Die einheimischen blauen Kartäuserkatzen waren dort aber sehr rar und um der drohenden Inzucht entgegenzusteuern, importierte man aus England die sehr ähnlich aussehenden British-Blue-Katzen. Dies führte zu einer noch stärkeren typmäßigen Angleichung, sodass die Chartreux und die British Shorthair Blue schließlich um 1967 zu einer Rasse zusammengefasst wurden. Debatte folgte auf Debatte, was nun die echte Kartäuser sei und 1977 wurden die beiden Rassen in der Fédération Internationale Féline wieder getrennt, jedoch bekam die British Shorthair Blue den Namenszusatz Kartäuser. Im Jahre 1991 gab es dann wieder eine Änderung – für den Laien ein unergründbares Durcheinander! Jetzt wurde in der F.I.Fe. die Zusatzbezeichnung Kartäuser für die Britisch Kurzhaar Blau gestrichen und die ausschließliche Bezeichnung lautet: Britisch Kurzhaar Blau. Für die Chartreux lautet sie eben „Chartreux“. Der Volksmund bezeichnet jedoch nach wie vor alle, die echten Chartreux und die blauen Briten als „Kartäuser“.

Der geringe Unterschied zwischen beiden Rassen ist, dass die Chartreux ein wenig zierlicher wirkt als die pummelige BKH Blau. Bei den blauen Briten ist dafür der helle, silbrig-blaue Schimmer des Fells besser ausgeprägt, dagegen sind viele Chartreux im Grauton ein wenig dunkler als ihre englischen Pendants. Die Augenfarbe der Chartreux muss von dunklem Gelb, Rotgold bis zu dunklem Kupfer sein, sie darf nicht die geringste Spur von Grün zeigen. Der Liebhaber dürfte in den Unterschieden nur unwesentliche Spitzfindigkeiten sehen. Für den Züchter aber sind sie bedeutend, denn es geht darum, Merkmale zu festigen, die die Rasse deutlich von einer anderen unterscheiden.

> Von den Kartäusermönchen leitet sich der Name der Rasse ab: „Chat des Chartreux“ bedeutet „Katze der Kartäuser“.

> Lange Zeit wurden Kartäuserkatzen zu den Europäisch Kurzhaar gezählt, dann durften sich die blauen Britisch Kurzhaar so nennen. Heute ist sie eine eigenständige Rasse mit genau definierten Merkmalen.

Ausstellungsstandard (F.I.Fe.) der Chartreux-Kartäuser

Allgemein		Kartäuser müssen deutlich von Russisch Blau und Britisch Blau unterschieden werden. Kreuzungen zwischen Kartäusern und diesen beiden Rassen sind unerwünscht.
	Größe	mittel bis groß
Kopf	Form/ Backen	→ Der Kopf ist breit an der Basis; gut entwickelter Schädel, nicht gewölbt, mit schmalem flachem Zwischenraum zwischen den Ohren. → Die Backen geben dem Kopf eine Trapezform, breit an der Basis, oben schmal.
	Nase	breit und gerade, keine Stupsnase
	Schnauze	Das Ende der Schnauze kann zwischen den Backen herausragen.
Ohren	Form	mittelgroß
	Platzierung	→ hoch am Schädel sitzend, so dass die Katze einen aufgeweckten Eindruck vermittelt → leicht nach außen auslaufend
Augen	Form	groß und offen, nicht allzu rund, der äußere Augenrand ist leicht nach oben gezogen.
	Farbe	→ lebhaft → Vom dunklem Gelb bis dunklem Kupfer; keine Spur von Grün, kein wässriger Farbton, i.e. fahler Farbton. → Die Farbe muss rein sein; die intensivste Farbe wird bevorzugt.
Körper	Struktur	→ kräftig, fest, muskulös → breite, gut entwickelte Brust → Die Kartäuserkatze, vor allem der Kater, muss im Vergleich zur Größe stets kräftig wirken.
Beine		mittellang, in Proportion zum Körper, mit kräftigen Muskeln, nicht zu hoch
	Pfoten	groß
Schwanz		→ mittellang, zum Körper passend → Der Schwanz kann etwas dünner zulaufen, das Ende muss jedoch in seiner Form abgerundet sein. dieselbe Farbe wie der Körper
Fell	Struktur	→ glänzend, dicht → Unterfell an der Basis leicht wollig und sehr dicht → Doppeltes Fell, bei dem die Haare „stehen“
	Farbe	→ Alle Schattierungen von Blau, von hellem Graublau bis zu dunklem Graublau sind erlaubt; ein helles Graublau wird bevorzugt. → Einheitlichkeit im Farbton ist wesentlich.

Ausstellungsstandard (F.I.Fe.) der Chartreux-Kartäuser (Fortsetzung)

Nasenspiegel		blaugrau
Fußballen		blaugrau
Anmerkungen		→ Beim erwachsenen Kater gut entwickelte Backen, die bei der Katze weniger in Erscheinung treten. → Zwischen Kater und Katze besteht ein erheblicher Unterschied; die Katze ist eindeutig kleiner als der Kater, hat eine schmalere Brust und nicht so ausgeprägte Wangen wie der Kater; sie sollte jedoch robust und gut muskulös sein.
Fehler	Nase	nach oben gewölbte Nase
	Augen	→ Spuren von Grün → wässriger, fahler Ton der Augenfarbe
	Fell	→ weiße Haare → zu starker Unterschied in der Farbe der Deckhaare und des Unterfells → Schattierungen, Geisterzeichnung, Tipping → bräunlicher oder rötlicher Schimmer in der Fellfarbe

Rassestandard

Die Übersicht links und unten stellt die wichtigsten Punkte des Ausstellungsstandard der Fédération Internationale Féline für Kartäuserkatzen vor. Aus dieser Übersicht lässt sich entnehmen, wie sich die typische Vertreterin dieser traditionsreichen Katzenrasse von anderen blauen Katzenrassen unterscheidet.

Wesen und Eigenschaften

Die Chartreux ist der Britisch Kurzhaar Blau in vielerlei Hinsicht ähnlich. Dank ihres ruhigen und gemütlichen **Charakters** gerät sie kaum mit anderen Katzen in Streit. Sie ist ein angenehmer Hausgenosse, andererseits ein geschickter Mäusefänger, wenn sie nach draußen darf. Die Chartreux gilt als robust und wenig anfällig für Krankheiten, das dichte Fell prädestiniert sie auch für kühle Temperaturen. Eis und Schnee machen ihr nach Gewöhnung kaum etwas aus, schwüle Hitze dagegen liegt ihr weniger, dann sucht sie sich ein schattiges Plätzchen...

Wer sich mit der Chartreux-Zucht befassen möchte, wird bald feststel-

Chartreux-Kätzin mit Kind aus Frankreich; dort sind die Katzen nicht so selten wie bei uns.

Die Chartreux hält sich gerne im Freien auf, deshalb sollten Fenster und Balkone mit Netzen gesichert sein.

len, dass er sich kein einfaches Metier gewählt hat, denn die Rasse ist bei uns sehr selten. Es ist fast unmöglich, einen Deckkater zu finden, ohne ins benachbarte Ausland, Frankreich oder die Schweiz etwa, zu fahren. Kreuzungen mit der British Blue sind nicht mehr zugelassen. Eine Möglichkeit wäre noch, sich frisches Blut aus den USA zu holen, denn dort ist die Rasse sehr beliebt und es gibt einige Züchter. Dies aber ist sehr teuer und aufwendig. Den wunderschönen Chartreux-Katzen bleibt zu wünschen, dass sich hierzulande doch mehr interessierte Züchter finden, die sich dieser traditionsreichen Rasse widmen wollen.

Russisch Blau – Bleu Russe

Herkunft der Rasse

Schon seit Hunderten von Jahren gelten einfarbig blaue Katzen als kostbar. Kleiderfunde aus der Zeit der Wikinger deuten darauf hin, dass bereits damals graublaue Katzen ihrer Pelze wegen von Menschen gehalten wurden. In Russland und Skandinavien existierten schon sehr früh Populationen von Katzen, die als Vorläufer unserer heutigen Russisch-Blau-Katze gelten könnten.

Die Russisch Blau hat eine bewegte Geschichte. Mehrmals drohte sie auszusterben, da sie sich in jüngerer Zeit gegen eine Vielzahl blaugrauer Katzenrassen zu behaupten hatte und dabei in den Hintergrund gedrängt wurde. Blaue Perser, Kartäuser oder Britisch Kurzhaar Blau liefen ihr den Rang ab und zahlreiche Kreuzungen mit anderen blaugrauen Rassen fanden statt.

Konkrete schriftliche Erwähnung findet die Rasse erstmals um 1850. In Geschichtsbüchern wird eine Russisch-Blau-Katze namens „Vatka“ erwähnt, die am Zarenhof gelebt haben soll. Die Rasse erfreute sich damals beim russischen Adel großer Beliebtheit.

Die gezielte Zucht nach einem festen Standard wurde allerdings, wie so oft, in Großbritannien begründet. Erste Russisch-Blau-Katzen gelangten als Geschenk des Zaren an Königin Viktoria und ihren Sohn Edward VII nach England, weitere Tiere wurden über britische Handelsniederlassungen im nordrussischen Archangelsk eingeführt. Mrs. C. Carew-Cox importierte so im Jahre

Rechte Seite: Ein eigenwilliger Blick, Zurückhaltung und Noblesse zeichnet die Russisch Blau aus.

1893 eine russische Kätzin namens Olga von dort in ihr Heimatland. Von diesem russischen Ausfuhrhafen leitete die Rasse eine weitere Bezeichnung ab: Archangelsk-Katze. Unter diesem Namen ist die Rasse aber nur einigen Insidern bekannt.

Bereits damals existierte in England die Rasse British Blue, eine kräftige blaue Kurzhaarkatze, die von der Bevölkerung sehr geschätzt wurde. Um die schlankeren Russisch Blau von den einheimischen Blauen abzugrenzen, wurde 1930 der Standard aktualisiert.

Die Wirren des zweiten Weltkrieges brachten dann fast überall die Katzenzucht zum Erliegen. Nur wenige Russisch-Blau-Katzen waren nach den Kriegsjahren noch vorhanden. Um die Rasse zu retten und auf eine breitere Zuchtbasis zu stellen, kreuzte man Blue-Point-Siamesen ein. Mitte der 1960er bis Anfang der 1970er Jahre wurde der Standard erneut bearbeitet, um die Grundlage für eine konsequente, erfolgreiche Reinzucht zu schaffen. Insbesondere der schlanke und muskulöse Körperbau in Verbindung mit dem typischen doppelten, kurzen und dichten Fell, das einen Silberschimmer zeigen soll, wird darin betont.

Die Russisch-Blau-Katze hat eine lange Geschichte. Sie soll vom russischen Adel geschützt worden sein.
Bis heute ist ihr Wesen eigenwillig und stolz geblieben. Trotzdem hat sie ein ausgeglichenes Temperament, ist verspielt und ihren Besitzern sehr zugetan.

Noch hat das Katzenkind nicht die lebhafte, grüne Augenfarbe der erwachsenen Russisch Blau.

Bei der Kopfform finden sich zwischen europäischem und US-Standard leichte Abweichungen. Körperbau und Fellqualität aber lassen keinen Zweifel daran, dass sich die Russisch Blau von anderen blaugrauen Katzenrassen deutlich unterscheidet. Sie ist eine einmalige Schönheit.

Rassestandard

Die auf Seite 25 dargestellte Übersicht stellt die wichtigsten Punkte des Ausstellungsstandards für die Russisch-Blau-Katze vor, die von der Fédération Internationale Féline festgelegt wurden. Aus dieser Übersicht geht viel über das Aussehen dieser attraktiven Katzenrasse hervor. Sie dient dem Züchter als Leitlinie bei der Auslese seiner Zucht- und Ausstellungstiere.

Ausstellungsstandard (F.I.Fe.) der Russisch Blau

Kopf	Form	kurzer Keil: der Schädel ist lang und flach. Im Profil bilden Stirn und Nase einen konvexen Winkel auf Höhe der Augenbrauen.
	Stirn	gerade
	Nase	gerade
	Schnurrhaarkissen	stark betont
	Kinn	kräftig
Ohren	Form	→ groß und ziemlich zugespitzt, weit am Ansatz → Die Haut der Ohren ist dünn und durchsichtig; die Innenseite ganz wenig behaart.
	Platzierung	vertikal zum Kopf stehend
Augen	Form	groß und mandelförmig, weit auseinander
	Farbe	lebhaftes Grün
Hals		lang und gerade
Körper	Struktur	langer Körper, mittelstarker Knochenbau, jedoch graziöser Wuchs und Gesamteindruck
Beine		fein und hoch
	Pfoten	klein und oval
Schwanz		ziemlich lang und zu einer Spitze zulaufend
Fell	Struktur	→ kurz, dicht und sehr fein, plüschartig aufstehend; weich und seidig. Doppeltes Fell. → Die Textur und das Aussehen des Felles unterscheiden sich wesentlich von dem der anderen Rassen.
	Farbe	blaugrau, gleichmäßig und rein, mit einem deutlichen Silberschimmer. Mittleres Blaugrau mit Silberschimmer bevorzugt.
Nasenspiegel		blaugrau
Fußballen		dunkel lavender
Fehler	Kopf	→ viereckiger Kopf → runder Kopf → Siamtyp
	Augen	→ runde Augen → gelber Farbton in der Augenfarbe
	Körper	gedrungen oder dick gebaut
	Schwanz	zu breit am Ansatz
	Fell	→ flach anliegendes Fell → Tabbymusterung, Streifen oder Schattierungen (Geisterzeichnung) → weiße Flecken

Wesen und Eigenschaften

Bleu-Russe-Katzen haben seit jeher einen festen Freundeskreis, der diese wunderbare Rasse mit keiner anderen tauschen würde. So wie ihr Äußeres harmonisch und ausgeglichen ist und keinesfalls zu Extremen neigt, ist auch das **Wesen** eine gelungene Mischung aus Verspieltheit, Temperament, gediegener Grazie und vornehmer Zurückhaltung.

„Russen" drängen sich niemals auf, ganz besonders nicht bei Fremden, die sie erst einmal aus sicherer Entfernung einschätzen.

Trotz ihrer noblen Zurückhaltung lieben Russisch-Blau-Katzen Geselligkeit mit Menschen, anderen Katzen und Haustieren, brauchen aber genug Raum, um sich bei Bedarf ungestört zurückziehen zu können. Sie legen Wert auf eine gepflegte Privatsphäre und möchten gerne selbst entscheiden, wann sie am Familienleben teilnehmen.

Die schönen Blauen aus dem kalten Osten sind noch sehr instinktsicher und selbstbewusst. Die Kätzinnen sind gute Mütter, die ihre Kinderschar zuverlässig versorgen. Sogar von einigen Katern ist bekannt, dass sie an der Jungenaufzucht teilhaben möchten. Es gibt viele Russisch-Blau-Zuchtkater, die erst spät oder überhaupt nicht anfangen zu spritzen, und wenn, dann in erträglichem Rahmen.

Blaue Russen lieben es, gelegentlich nach draußen zu gehen. Ihr dichtes Fell schützt sie bei jedem Wetter ganz hervorragend. Aus diesem Grund ist es empfehlenswert, den Balkon mit Netzen oder ein

Ein ausgewachsener Russisch-Blau-Kater darf die typischen Katerbacken haben.

In Red Tabby (rot getigert) ist die American Shorthair besonders attraktiv.

Stückchen Garten durch ein Außengehege katzensicher zu machen.

Hält man mehrere Katzen dieser Rasse, sollte man jeder einzelnen etwas Freiraum zu Verfügung stellen, wohin sie sich ungestört zurückziehen kann, wenn sie das möchte. Verschiedene Kratzbäume, Kartons und Schlafplätze gehören unbedingt dazu. Ebenso ist ausreichend Spielzeug nötig, um die lebhaften und intelligenten Russen zu beschäftigen, wenn der Besitzer selbst wenig Zeit hat, mit seinen Katzen zu spielen.

American Shorthair

Herkunft der Rasse

Die American Shorthair ist sozusagen die Reinzuchtform der echten nordamerikanischen Hauskatze. Sie wird in den USA in vielen Farben und Mustern gezüchtet. In Europa ist sie sehr selten, man kann aber bei den großen amerikanischen Züchterorganisationen, die auch Clubs in Europa unterhalten, Züchteradressen erfahren (siehe S. 92).

Es wird vermutet, dass die Vorfahren der American Shorthair mit den Pilgern und Siedlern aus Großbritannien kamen. Die ersten eingetragenen Katzen dieser Rasse stammten nachweislich aus England. Sie wurden mit einheimischen Kurzhaarkatzen gekreuzt, erste Zuchtbucheintragungen datieren auf die Jahre 1900 und 1904. Bis 1965, als die Rasse ihren jetzigen Namen erhielt, wurde sie als Domestic Shorthair bezeichnet. Neben den ebenfalls nach Amerika auf Segelschiffen eingeführten Langhaarkatzen wie Angora und Norwegische

Ausstellungsstandard (US-Standard) der American Shorthair

Kategorie	Kurzhaar
Körperbau	mittelgroß bis groß, drahtig und kraftvoll, weder gedrungen noch schlaksig
Fell	kurz, dicht und gleichmäßig, griffig, im Winter etwas schwerer und dicker
Kopf	groß, mit vollen Wangen, ovale Form: etwas länger als breit; eckige Schnauze; mittellanger, muskulöser Hals
Nase	mittlere Länge
Kinn	fest und gut entwickelt
Augen	rund, weit auseinander stehend, äußerer Augenwinkel leicht schräg
Ohren	mittelgroß mit abgerundeten Spitzen, weit auseinanderstehend
Körper	drahtiger, kraftvoller Körper mit gut entwickeltem Brustkorb und massigen Schultern
Beine	mit kräftigem Knochenbau und starker Muskulatur
Pfoten	fest, dick, rundlich, mit kräftigen Ballen
Schwanz	mittellang, am Ansatz breiter, mit stumpfer Spitze
Farben*	Weiß, Schwarz, Blau, Rot, Creme, Chinchilla, Shaded Silver, Shell Cameo, Shaded Cameo, Black Smoke, Blue Smoke, Cameo Smoke, Schildpatt Smoke, Brown Patched Tabby, Blue Patched Tabby, Silver Patched Tabby, Silver Tabby, Red Tabby, Brown Tabby, Blue Tabby, Creme Tabby, Cameo Tabby, Schildpatt, Calico, Dilute Calico, Blaucreme, Bicolor, Van Bicolor, Van Calico, Van Blaucreme mit Weiß
Fehler	zu plumper Körperbau oder zu ausgeprägte Feingliedrigkeit, Fettleibigkeit oder Knochigkeit, sehr kurzer Schwanz
Disqualifikation	➔ langes, flauschiges Fell ➔ Knickschwanz oder sonstige Anomalien des Schwanzes ➔ tiefer Break in der Nase im Profil ➔ Poly- oder Oligodaktylie

*) Anmerkung zu den Fellbezeichnungungen im Standard der American Shorthair: „Brown Tabby" ist genetisch Schwarz Tabby; „Patched Tabby" entspricht Classic = Blotched Tabby, bei uns auch Marmorierung oder Räderzeichnung genannt; Calico ist die amerikanische Bezeichnung für Dreifarbigkeit: Schwarz-Rot auf Weiß; Van-Zeichnung bezieht sich auf die Position der Farbflecken bei weißgescheckten Katzen: sie befinden sich nur um die Ohren, etwas entlang der Wangen und am Schwanz, der Rest des Körpers ist weiß.

Waldkatze sollen die American Shorthair zu den Urahnen der heute so beliebten Rasse der Maine-Coon-Katze gehören.

Sehr eng verwandt mit der American-Shorthair-Katze ist die American Wirehair, die amerikanische Drahthaarkatze, die ein spärliches, raues Fell besitzt. Die Mutation des Gens für die Haarstruktur führt dazu, dass alle drei Haartypen dieser Katze mehr oder weniger unregelmäßig gewellt sind. Das Fell der American Wirehair fühlt sich ähnlich an wie das des Drahthaar-Foxterriers.

Amerikanisch-Kurzhaar-Katzenkind, Silver Tabby.

Rassestandard

Die Übersicht auf Seite 28 stellt die wichtigsten Punkte des US-amerikanischen Ausstellungsstandards für die American Shorthair-Katze vor. Daraus lässt sich viel über das Aussehen dieser robusten, intelligenten Katzenrasse entnehmen.

Wesen und Eigenschaften

Die Amerikanische Kurzhaarkatze hat sich lange Zeit weitgehend unbeeinflusst von menschlichem Eingreifen entwickelt und fortgepflanzt. Demzufolge ist sie auch heute noch ein sehr naturbelassenes Tier, dessen Körperform keinerlei Extreme aufweist. Sie ist eine typische „Arbeitskatze", sehr wohl geeignet, Scheune und Keller frei von Mäusen, Ratten und anderem Ungeziefer zu halten.

Kein Wetter, mag es noch so rau sein, kann sie davon abhalten, draußen ihrer Lieblingsbeschäftigung nachzugehen: der Jagd. Entsprechend ist auch ihr Fell: dicht und wasserabweisend, es bedarf keiner weiteren Pflege. Die Kätzinnen ziehen ihre Kätzchen instinktsicher und problemlos auf. Auch sonst gilt die Rasse als sehr robust und nicht besonders krankheitsanfällig. American Shorthairs sind sehr intelligent, mutig und anpassungsfähig. Trotzdem eignen sie sich perfekt als Familienkatzen mit Freiauslauf in Hof und Garten, denn sie sind auch umgänglich und gelassen.

Aus den Mäusefängern auf den Schiffen der Pilgerväter haben sich die englischen Hauskatzen zu Farmkatzen der Neuen Welt entwickelt.

Kauf einer Kurzhaarkatze

Wenn Sie sich ein neues Kätzchen kaufen, egal welcher Rasse, sollten Sie dies nicht spontan tun. In Tier- und Katzenzeitschriften sowie über die Zuchtverbände (siehe auch S. 92) finden Sie Adressen von Züchtern, die Ihnen verantwortungsvoll aufgezogene Jungtiere anbieten.

Besuch beim Züchter

Bevor Sie die Entscheidung treffen, eine Rassekatze zu erwerben, anstatt ein Kätzchen aus dem Tierheim zu holen – sei es, weil Sie an einer befahrenen Straße oder im elften Stock wohnen oder einfach, weil Sie eine ganz bestimmte Vorstellung vom Aussehen und der Wesensart „Ihrer" Katze haben – muss der erste Schritt immer sein: sich informieren, lesen, Ausstellungen besuchen und mit Züchtern und Haltern von Rassekatzen reden. Schließlich findet man „seine" Traumkatze. Wenn Sie eine seltene Farbe oder Rasse suchen, werden Sie eventuell Wartezeiten oder eine längere Fahrt in Kauf nehmen müssen, aber schließlich lohnt sich auch der weiteste Weg fürs Traumkätzchen.

Ist die Entscheidung gefallen, dass Sie mit einer Kurzhaarkatze Ihr zukünftiges Leben teilen wollen, dann rufen Sie den Züchter an. Vor dem Besuch dort sollten sie jedoch einige grundsätzliche Dinge klären.

Die Frage nach dem Kaufpreis ist nicht die wichtigste, denn alle seriös aufgezogenen Rassekätzchen haben ihren Preis. Er liegt etwa zwischen 500 und 800 €. Für vielversprechende Ausstellungstiere kann auch mehr verlangt werden. Begegnen Sie solchen Angeboten mit Vorsicht, die sehr weit unter dem unteren Limit liegen, denn leider gibt es im Heimtiermarkt genügend obskure Quellen, krasse Fälle von Geschäftemacherei und unschöne Konkurrenzkämpfe um Marktanteile unter Züchtern.

Im ersten Telefonat mit dem Züchter fragen Sie, welche Jungtiere zu haben sind. Farbe, Alter und Geschlecht sind interessant. Erkundigen Sie sich, welche Impfungen die Kätzchen bereits erhalten haben. Zusatzimpfungen können den Kaufpreis um etwa 30 € pro Impfung erhöhen. Wichtig ist auch, ob die Katzeneltern auf **Katzenleukose (FELV)** und **erworbene Immunschwä-**

TIPP

Auf Katzenausstellungen, in den entsprechenden Fachzeitschriften (siehe S. 92) und selbstverständlich beim Züchter erhält der Kaufinteressent detaillierte Information, die ihm hilft, sich ein Bild vom Wesen und Temperament seines Katzenfavoriten zu machen.

Rechte Seite: Es ist nicht schwer, unter einer Schar von Katzenkindern sein „Traumkätzchen" zu finden.

che (FIV) untersucht worden sind. Diese unheilbaren Krankheiten können die Elterntiere bereits auf die Katzenkinder übertragen haben, wenn eine Infektion nicht durch entsprechende Bluttests im Vorfeld ausgeschlossen wurde.

Haben Sie selbst Kinder, so sollten Sie nach Möglichkeit ein Kätzchen aus einem Züchterhaushalt mit Kindern nehmen. Die kleinen Stubentiger können dann schon die typischen Geräusche und schnellen Bewegungen von Kindern einschätzen, ohne zu erschrecken. Dasselbe gilt, wenn Sie Ihr Kätzchen zum Hund dazu nehmen wollen. Viele Katzenzüchter haben selbst Hunde und die Jungtiere sind von Anfang an damit vertraut. Dies erleichtert die Eingewöhnung im neuen Zuhause enorm.

Der persönliche Eindruck entscheidet

Ein verantwortungsvoller Züchter wird einen unverbindlichen Besuch gerne gestatten und Ihnen voller Stolz seine freundlichen, bestens gepflegten Zuchttiere zeigen. Er ist zuallererst ein Katzenfreund und erst in zweiter Linie Züchter. Deshalb besitzt er normalerweise auch mehrere kastrierte Tiere – Kätzinnen oder Kater, mit denen er nicht mehr züchtet, von denen er sich aber niemals trennen würde, nur weil sie für die Zucht „ausgedient" haben.

Bei einem tierfreundlichen, seriösen Züchter sind alle Katzen vertrauensvoll, zugänglich und zeigen Neugier am Besuch. Sehr junge Kätzchen sind quirlig, sie spielen und toben lieber als dass sie bei den netten, fremden Leuten ruhig auf dem Arm bleiben. Dafür kommen Katzenmama oder Katzenoma gerne auf den Schoß und die Katzentante schnurrt freundlich um Ihre Beine, während Sie versuchen, mit den Jungtieren ein wenig zu spielen und zu schmusen.

Wählen Sie sich Ihren neuen Familienzuwachs immer persönlich aus. Vielleicht werden Sie selbst auch von einem unwiderstehlichen Kätzchen ausgewählt. Kaufen Sie nicht nach Foto oder Video. Das wichtigste sind Ihr Gespür und Ihr gesunder Menschenverstand: ist Ihnen der Züchter sympathisch, ist seine Beziehung zu seinen Tieren liebevoll, redet er sie mit Namen an? Oder sind sie etwa nur Verkaufsobjekte für ihn? Ein seri-

Bei Abgabe sollte jedes Katzenbaby wenigstens gegen **Katzenseuche** und **Katzenschnupfen** geimpft sein. Dies ist die absolute Mindestforderung, auf die Sie beim Kauf des Kätzchens bestehen müssen.

TIPP

Es ist ein gutes Zeichen, wenn der Züchter Sie in allen Einzelheiten über den zukünftigen Platz seines Jungtieres ausfragt. Ihm selbst muss am meisten daran gelegen sein, ein gutes Zuhause für seine Katzenkinder zu finden.

Sehr positiv ist es, wenn die Katzen beim Züchter auch den Gästen gegenüber neugierig sind und sich gerne kraulen lassen.

öser Züchter wird nicht versuchen, Ihnen ein Tier aufzudrängen. Er wird auf Sie eingehen. Er kann Ihnen ein bestimmtes Jungkätzchen empfehlen, das von seinen Eigenarten her besonders gut Ihren Wünschen entspricht. Er kann es aber auch verweigern, wenn er den Eindruck hat, Sie passen nicht zusammen.

Wie leben die Katzen?

Das Heim eines guten Züchters ist sauber und aufgeräumt, aber natürlich wird Katzenspielzeug herumliegen. Katzenkörbchen und Kissen an verschiedenen warmen, gemütlichen Plätzen gehören zur Einrichtung. Futterschälchen und ein Napf mit frischem Wasser sind zu sehen, der Kratzbaum darf benutzt, sollte aber nicht völlig unansehnlich und vernachlässigt aussehen. Die Katzen bewegen sich entspannt und selbstverständlich in den Wohnräumen, weil sie es gewohnt sind, mit ihren Menschen darin zu leben.

Zu makellose Designer-Wohnzimmer, in denen die Katzen ängstlich oder geduckt herumhuschen und der Zuchtkater irritiert von Möbelstück zu Möbelstück tigert, lassen eher darauf schließen, dass die Tiere normalerweise nicht hier leben. Sie wurden dann nur für die Gäste in den menschlichen Wohnbereich geholt, sind sonst aber an Örtlichkeiten untergebracht, die möglicherweise nicht vorzeigbar sind. Katzen, die so gehalten werden, reagieren ihrem Züchter gegenüber nicht entspannt und vertraut, sondern ausweichend oder ablehnend auf seine Liebkosungsversuche, denn sie sind es nicht daran gewöhnt. Hier heißt es: Vorsicht!

Wie steht es um die Katerhaltung?

Fragen Sie den Züchter nach dem Vater Ihres neuen Kätzchens. Wenn er eigene Zuchtkater hält, lassen Sie sich zeigen, wie sie leben. Zuchtkater pflegen ihren Wohnbereich mit stark „duftendem“ Urin zu markieren, deshalb muss ein spritzender Kater oft in einem eigenen, leicht zu reinigenden Bereich gehalten werden. Weder ein kleines Badezimmer noch ein Käfig im Keller sind dazu geeignet. Auch ein einsames Häuschen am Ende des Gartens ist nicht die Lösung. Kater, die spritzen, werden entweder in großen, gut belüfteten Katerzimmern gehalten, die hell und freundlich eingerichtet sind, oder in geräumigen, heizbaren Katerhäusern – am besten mit Zugang zu einem eingezäunten Freiauslauf.

Dreifarbige Katzen wie diese sind immer weiblich. Sie gelten in manchen Ländern als Glückskatzen.

TIPP

Kleine Kätzchen, die in Kellern, Käfigen und Zwingern aufgezogen wurden, leiden häufig unter Verhaltensstörungen. Sie werden bei allem Mitleid, das man mit ihnen hat, immer problematisch bleiben. Suchen Sie sich dann lieber einen anderen Züchter!

Auch ein Zuchtkater braucht Geselligkeit und wenn man ihn wegen des Urinspritzens nicht in der Wohnung halten kann, sollte er zusammenleben können mit kastrierten Jungkatern oder Söhnen, mit denen er sich verträgt. Sowohl das Katerzimmer als auch das Katerhaus müssen mit Kratzbäumen, Aussichtsplattformen und Ruheplätzen ausgestattet sein, um dem Kater geistige Anregung zu bieten. Er muss klettern und spielen können und Zugang zu frischer Luft und Sonne haben. Vor allem aber braucht er viel menschlichen Kontakt.

Am Fell von Zuchtkatern erkennen Sie am besten, wieviel Zeit der Züchter ihnen widmet. Erwachsene Kater haben oft – hormonell bedingt – fettiges Fell, besonders am Schwanz. Sie brauchen deshalb mehr menschliche Hilfe bei der Fellpflege. Schenkt der Züchter diese Zeit auch seinen Katern, die nicht innerhalb der Wohnung gehalten werden, hat er gesunde, zufriedene Zuchttiere. Und Sie können ein Jungtier erwarten, das aufgeschlossen und freundlich ist.

♀ ♂

An ihrer Rückansicht lassen sich weibliche und männliche Babykatzen unterscheiden: Links: kleine Kätzin rechts: kleiner Kater.

Fazit

- ➔ Seien Sie kompromisslos bei der Auswahl Ihres Tieres. Ausstellungspokale und Schleife der Elterntiere geben keine Garantie für die Familieneignung Ihres neuen Kätzchens.
- ➔ Sie wollen einen liebenswerten neuen Hausgenossen, der körperlich und seelisch gesund ist. Menschenbezogen und verschmust

Checkliste für den Katzenkauf

- ➔ Gehen Sie bei der Auswahl Ihres Tieres keine Kompromisse ein. Lassen Sie sich nicht von Ausstellungserfolgen des Züchters blenden. Berge von Pokalen und Schleifen sind keinerlei Gewähr für ein fittes, gut sozialisiertes Jungtier. Auch noch so monströse Championtitel der Elterntiere sind keine Garantie für die „Familieneignung" Ihres neuen Kätzchens.
- ➔ Sie wollen in erster Linie eine liebenswerte Katze, die sowohl körperlich, als auch seelisch gesund ist.
  Nur ein Katzenkind, das mit Menschen zusammen aufgewachsen ist, wird auch menschenbezogen und verschmust sein. Ein guter Züchter kann Ihnen das Wesen und die Eigenheiten jedes seiner Kätzchen in allen Einzelheiten schildern. Wird daraus einmal ein Champion oder eine begnadete Katzenmutter, nehmen Sie es als Zugabe.
- ➔ Lassen Sie Ihre Intuition sprechen, wählen Sie ein freundliches, verspieltes Jungtier von aufgeschlossenen Katzeneltern, die im engeren menschlichen Kontakt vom Züchter gehalten und aufgezogen werden.
- ➔ Verlangen Sie Gesundheitsgarantien in Form von Impfpass und tierärztlicher Gesundheitsbescheinigung.

Wenn Sie Zeitung lesen, will Ihre junge Katze mitmachen. Geben Sie ihr lieber ein eigenes Stück!

kann nur ein Kätzchen sein, das mit Menschen zusammen aufgewachsen ist. Ein guter Züchter kennt seine Tiere ganz genau und kann Ihnen in allen Einzelheiten das Wesen und ihre Eigenheiten schildern. Sollte aus Ihrem neuen kleinen Liebling einmal ein Champion werden oder eine begnadete Katzenmutter, umso besser.

- → Lassen Sie Ihre **Intuition** sprechen, wählen Sie ein freundliches, verspieltes Jungtier von ebensolchen Katzeneltern, das im engen menschlichen Kontakt vom Züchter gehalten und aufgezogen wurde.
- → **Gesundheitsgarantien**: Impfpass, tierärztliche Gesundheitsbescheinigung und wenn möglich, Virustest-Bescheinigungen der Elterntiere sollten unbedingt dazu gehören.
- → Kaufen sie ein Rassekätzchen nur bei einem Züchter, der ordentliches Mitglied eines eingetragenen Vereines ist. Sie erkennen das am e.V. (**eingetragener Verein**) beim Vereinsnamen. Mitglieder dieser Vereine verpflichten sich, bei der Zucht von Katzen tierschützerisch orientierte Regeln und Auflagen einzuhalten.
- → Aus **Stammbaumurkunde** des Kätzchens geht hervor, welcher Verein sie ausgestellt hat. Ein Blick darauf lohnt sich schon beim Besuch des Züchters: fehlt das e.V., heißt es besser „Finger weg“. In Deutschland gibt es leider auch die Möglichkeit, „Ahnentafeln“ zu erhalten, die ohne Prüfung der Authentizität der Elternpapiere und ohne fachliche Überprüfung der genetischen Fakten gegen geringe Gebühr erstellt werden. Solche Papiere werden von den eingetragenen Vereinen in Zucht und Ausstellung nicht anerkannt.
- → Kaufen Sie kein Kätzchen in der Zoohandlung. Die Tiere dort sind oft Billigimporte aus dem Ausland, die, meist noch viel zu jung, durch Herkunft und Transport lebenslang vorgeschädigt sein können. Auch darf solche Art Tierhandel auf keinen Fall gerade dadurch unterstützt werden, dass man ein Kätzchen aus Mitleid kauft.

Denken Sie daran: Für jedes verkaufte Kätzchen aus dem Zoohandel wird sich unweigerlich ein neues auf den schlimmen Leidensweg machen müssen!

Eine entspannte Katze kauert nicht, sie streckt sich genüsslich.

Vom Katzenkind zur erwachsenen Katze

Auch kleine Katzen werden groß. Von dem Tag, an dem es zu Ihnen kommt, bis zur ausgeglichenen erwachsenen Katze gibt es einiges zu lernen – für Ihr Prachtstück und für Sie!

Das neue Kätzchen kommt: Vorbereitungen

Bevor Sie zum Züchter fahren, um sich Ihr Katzenbaby abzuholen, sollten Sie bereits die wichtigsten Dinge vorbereitet haben. Die **Grundausstattung** an Katzenutensilien sollte schon eingekauft sein, damit sich Ihr Katzenkind gut eingewöhnen kann.

- Für die erste Zeit benötigen Sie zwei **Katzentoiletten und Zubehör**: eine große Haustoilette mit Dach, eine kleine, flache Toilette mit Rand und dazu zwei Gitterschaufeln für Toiletten sowie eine **klumpenbildende Ton- oder Holzstreu**. Gebleichte oder anderweitig chemisch behandelte Einstreu ist nicht zu empfehlen.
- Eine **Plüschhöhle** ist kuscheliger als der Schlafplatz im Transportbehälter und lohnt sich in jedem Fall. Man stellt sie am besten in einer erhöhten Position auf, vielleicht in Heizungsnähe, denn Katzen lieben Wärme und Aussicht.
- Ein **Kratzpfosten** für ihr süßes Katzenbaby wird nötig sein, denn es hat auch Krallen, die es pflegen muss. Später sollte man selbst einen standfesten, großen **Kletterbaum** bauen oder ein Modell im Fachhandel kaufen. Ein Kletterbaum mit vielen Möglichkeiten, sich auch dreidimensional im Raum bewegen zu können, hält die Katze körperlich fit und psychisch gesund.
- Das Wichtigste, zum Beispiel für den späteren Tierarztbesuch zum Impfen und Entwurmen oder zum Verreisen, ist ein stabiler **Transportbehälter** aus Kunststoff. Solche Behälter speziell für Katzen sind leicht zu reinigen und zu desinfizieren. Sie werden nach Entfernen der Eingangstür von den Katzen gerne zu Hause auch als Schlafhöhle benutzt.

Krallenwetzen ist Lebensgefühl und Fitnesstraining – also viel mehr als nur Pflege der „Jagdwaffen“: Eine kranke Katze wetzt ihre Krallen nicht. Gleichzeitig dient Krallenwetzen auch der Reviermarkierung,

Grundausstattung

- Transportbehälter
- Zwei Katzentoiletten
- Ton- oder Holzstreu
- Plüschhöhle
- Futternapf
- Wasserschale
- Kämme und Bürsten
- Kratzpfosten und Kletterbaum

Rechte Seite: Prächtiger Europäisch-Kurzhaar-Kater. So könnte der Vater Ihres neuen Kätzchens ausgesehen haben.

Das Katzenkistchen gehört zur Grundausstattung. Mit der Gitterschaufel entnehmen Sie die verbrauchte Streu.

denn von kleinen Drüsen zwischen den Pfotenballen werden Stoffe freigesetzt, die Duftnachrichten für andere Katzen sind. Für unsere im Vergleich zur Katze relativ unsensiblen Menschennasen sind diese Düfte allerdings nicht wahrnehmbar. Krallenschneiden hilft nicht, das „Wetzproblem" aus der Welt schaffen – im Gegenteil, Sie nehmen Ihrer Katze damit ein wichtiges Stück Lebensqualität! Investieren Sie lieber gleich in einen attraktiven „Krallenwetzplatz", dann ersparen Sie sich später Ärger mit beschädigten Möbeln oder Tapeten.

- Selbstverständlich brauchen Sie noch **Futternapf** und **Wasserschale**, am besten aus Materialien wie Ton, Keramik oder Edelstahl. Sie sollen schwer und standfest sein und eine große, weite Öffnung haben. Katzen stoßen nicht gerne mit ihren Schnurrhaaren an den Napfrand, wenn sie fressen oder trinken.
- Über das **Futter**, das Sie benötigen, wird Sie der Züchter informieren. In den ersten Tagen halten Sie sich ganz genau an den Futterplan für das Katzenkind, den er Ihnen vielleicht sogar mit einem „Fresspaket", bestehend aus dem gewohnten Futter für die erste Zeit, mitgibt. Wenn es erforderlich sein sollte, können Sie Ihr Kätzchen später schrittweise auf ein anderes Futter umstellen.
- Welche **Kämme** und **Bürsten** Sie zur Fellpflege Ihrer zukünftigen Katzenschönheit nötig sind, kann Ihnen ebenfalls der Züchter sagen.

Alles genannte Zubehör können Sie in Zoofachmärkten oder über das Internet kaufen.

Um Krallenwetzen am Sofa zu verhindern, lohnt es sich, ein ordentliches Kratzbrett zu besorgen.

Weidenkörbe können daheim auch als Schlafhöhle benutzt werden, Kunststoffboxen sehen nicht so schön aus, sind aber gut zu reinigen.

Die Näpfe sollen standfest sein, damit Ihr Leckermaul nicht mit den Schnurrhaaren am Rand anstößt.

Abholen

Holen Sie Ihr Kätzchen an einem Wochenende oder zu Beginn Ihres Urlaubs zu sich nach Hause, damit Sie genug Zeit haben, sich dem neuen, süßen Hausgenossen zu widmen. Lassen Sie sich bei der Auswahl Zeit. Wenn Sie nicht züchten wollen, wählen Sie das Kätzchen, das Ihnen am sympathischsten ist und das sich bereitwillig von Ihnen hochnehmen und streicheln lässt. Es muss sauber sein und darf kein Ungeziefer haben. Schwarze Krümel im Fell sind ein Zeichen für Flohbefall – Grund genug, bei diesem Züchter kein Kätzchen zu kaufen.

Das Katzenbaby sollte jetzt zwölf bis 14 Wochen alt sein, nicht jünger. Es soll munter und wohlgenährt sein, aber nicht aufgebläht wirken. Sein weiches Fell muss sauber und glänzend sein. Das junge Kätzchen hat klare Augen, die nicht tränen dürfen. Nase, Öhrchen und Popo sind ebenfalls sauber und trocken und ohne Verklebungen oder Verkrustungen.

Der Kaufvertrag – ein wichtiges Papier

Üblicherweise schließt der Züchter mit Ihnen einen **Kaufvertrag** ab, wenn Sie sich für ein Kätzchen entschieden haben. Dieser soll die behütete Zukunft des Jungtieres sichern. Der Züchter wird sich darin unter anderem häufig ein Vorkaufsrecht für das Junge zusichern lassen. Der Kaufvertrag enthält alle wichtigen Daten, eine Beschreibung des Kätzchens und, ganz wichtig, eine Auflistung aller mit dem Tier ausgehändigten Papiere: Impfpass, Stammbaum und eventuell ein tierärztliches Gesundheitszeugnis sowie Nachweise über durchgeführte Bluttests. Wenn zum Beispiel der Stammbaum aus irgendeinem Grund nachgereicht werden muss und Sie sich ihren Anspruch auf die Abstammungsurkunde nicht schriftlich haben bestätigen lassen, kann dieser später nicht mehr geltend gemacht werden.

Falls Sie Zweifel an der Gesundheit des Katzenbabys hegen, aber bereits unsterblich in das Kätzchen verliebt sind, dann lassen Sie sich vom Verkäufer vertraglich zusichern, dass er das Katzenkind innerhalb von 48 Stunden zurücknimmt, wenn ein Tierarzt Ihrer Wahl, dem Sie das neugekaufte Kätzchen selbstverständlich unverzüglich vorstellen müssen, eine Krankheit feststellt. Spätere Reklamationen verlaufen sehr oft erfolglos oder können im schlimmsten Fall einen langen, nervenaufreibenden Rechtsstreit nach sich ziehen. Unter Umständen kommt noch der Schaden eines chronischen kranken Tieres dazu, das ein Leben lang auf teure medizinische Behandlung und zeitaufwendige Fürsorge angewiesen ist.

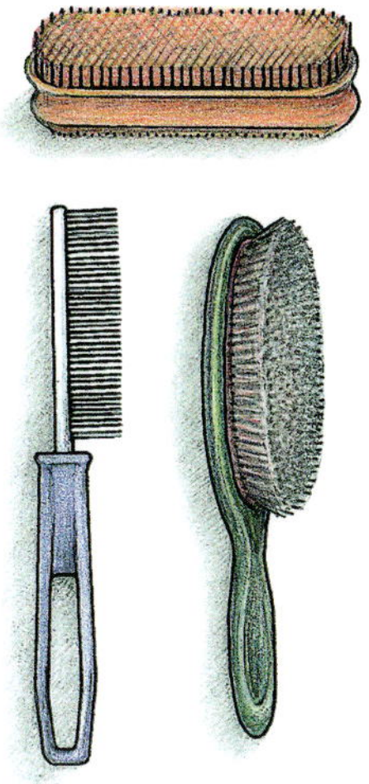

Kämme und Bürsten gibt es in großer Auswahl.

Wenn das Katzenkind ausgeschlafen hat, verwandelt es sich schnell in ein Energiebündel.

Zwischen..(im folgenden „Verkäufer“ genannt)
und...(im folgenden „Käufer“ genannt)

wird folgender

Kaufvertrag über eine Katze

geschlossen:

§1

1. Der Verkäufer verkauft dem Käufer hiermit seine in § 2 beschriebene Katze. Die Übergabe des Tieres erfolgt am ....
Von diesem Tag an gehen Gefahr, Lasten und Nutzen auf den Käufer über.
2. Der Kaufpreis beträgt...€ (in Worten Euro).
Er wird wie folgt geleistet ....

§2

1. Die verkaufte Katze wird wie folgt beschrieben:
a) Name.. d) Geschlecht..
b) Rasse.. e) Farbe..
c) Geburtsdatum .... f) Zuchtbuch-Nr..
2) Die vorstehend angegebenen Rasse- und Farbmerkmale beziehen sich auf den Zeitpunkt der Übergabe des Tieres. Für wachstumsbedingte Veränderungen dieser Merkmale haftet der Verkäufer nicht. Der Käufer hat das Tier besichtigt. Er verzichtet auf jegliche Rüge äußerlich erkennbarer Mängel.

§3

1) Der Verkäufer versichert, dass die Katze zum Zeitpunkt der Übergabe
   a) gesund und frei von ansteckenden Krankheiten ist,
   b) entwurmt und gegen Katzenseuche geimpft ist,
   c) nicht zum Wiederverkauf erworben ist,
   d) folgende weitere Impfungen erhalten hat:..
2) Der Verkäufer händigt dem Käufer am Tage der Übergabe der Katze folgende Papiere aus:
   a) Impfpass, aus dem die in Abs. 1 erwähnten Impfungen ersichtlich sind.
   b) Abstammungsnachweis bzw. Eintragungsbescheinigung des Katzenvereins, in dessen Zuchtbuch die verkaufte Katze geführt wird. Er versichert gleichzeitig, dass die verkaufte Katze mit dem aus den Papieren ersichtlichen Tier identisch ist.

§4

1) Der Käufer verpflichtet sich und seine Erben, das erworbene Tier
   a) nicht zu Versuchszwecken zu verwenden oder hierzu weiter zu veräußern,
   b nicht an Zoohandlungen oder berufsmäßige Tierverkaufsvermittler weiter zu veräußern,
   c) jede Weiterveräußerung dem Verkäufer anzuzeigen.
2) Für jeden Fall des §4 Abs. 1c behält sich der Verkäufer ein Wiederverkaufsrecht vor, nach dessen Ausübung höchstens aber den ursprünglichen Kaufpreis zurückzuerstatten. Der Verkäufer verpflichtet sich weiterhin, im Falle der Anzeige der Weiterveräußerung innerhalb von zwei Wochen zu erklären, ob er von seinem Wiederverkaufsrecht Gebrauch mache oder nicht.
3) Verletzt der Käufer eine der in §4 Abs. 1 und 2 eingegangenen Verpflichtung, so wird für jeden Fall der Zuwiderhandlung eine Vertragsstrafe von 1000,– € fällig, die der Käufer an den Verkäufer zu zahlen hat.

§5

Besondere Vereinbarungen (z.B. Eigentumsvorbehalt, besondere Qualitäten der Katze usw.)
....
....
....

§6

Änderungen und Ergänzungen dieses Vertrages bedürfen der Schriftform

Ort und Datum .... Verkäufer.. Käufer ....

Heimweg und der erste Tag

Fahren Sie nicht ab, bevor Sie ausgiebig mit dem Züchter über die Gewohnheiten des Kätzchens, besonders die Essgewohnheiten, gesprochen haben. Wenn das Kätzchen im richtigen Alter ist und aus guter Züchterhand kommt, dann ist es auch an die Katzentoilette gewöhnt.

Der Transportbehälter muss zwar zugluftgeschützt, dennoch aber – besonders während der warmen

TIPP

Die Reise zu Ihnen nach Hause tritt das Katzenkind grundsätzlich in einem verschlossenen Transportbehälter an.

Jahreszeit – gut belüftet sein, damit das Kätzchen keinen tödlichen Wärmestau erleidet. Auf Fahrten bis zu rund drei Stunden braucht das Tier nicht gefüttert und getränkt werden. Auf längeren Fahrten füttern und tränken Sie im geschlossenen Fahrzeug. So kann das Kätzchen auf keinen Fall in fremder Umgebung entlaufen.

Aufgeregte Katzenkinder müssen öfter mal, deshalb sollten Sie eine kleine Reisetoilette in den Transportbehälter stellen. Dazu eignet sich eine Fotoschale oder eine andere flache Schüssel, die Sie sich noch beim Züchter mit der vertrauten Streu füllen lassen. Für den Fall, dass ein kleines Missgeschick passiert, packen Sie eine Rolle Küchentücher ein, dann kann es losgehen…

Wenn Sie Ihr Katzenkind holen, ist es bereits an die Katzentoilette gewöhnt.

Glücklich zu Hause angekommen, ist zuallererst einmal Ruhe angesagt. Das Kätzchen hat durch die Reise und die Trennung genug zu verarbeiten – deshalb bitte keine Nachbarn, keine Freunde und kein Empfangskommitee! Das neue Heim, das völlig fremd aussieht, fremd riecht, in dem fremde Menschen leben und die vielen unbekannten Geräusche sind genug für den Anfang.

Zeigen Sie dem kleinen Neuling zuerst die Katzentoilette und den Wassernapf. Sonst braucht es jetzt nur Ruhe und Zeit.

Ziehen Sie sich also zurück und beobachten Sie, wie die kleine Samtpfote langsam auftaut und die Neugier über die Angst siegt, wenn sie die Umgebung zu erkunden beginnt. Haben Sie eine sehr große Wohnung, beschränken Sie das Kleine am Anfang auf einen engeren Bereich, beispielsweise ein einziges Zimmer. Lassen Sie es allmählich immer mehr Räume sehen. Junge Kätzchen finden manchmal „auf weiter Flur“ oder vor Aufregung die Katzentoilette

Manche Katzen genießen es sehr, an der Leine mit in den Garten oder spazieren zu gehen. Für den Transport wird aber eine stabile Box benötigt.

nicht gleich wieder, andere haben noch nie eine Treppe gesehen und müssen erst lernen, wozu sie gut ist. Wenn Sie noch andere Heimtiere haben, sollten Sie sie nicht gleich am Ankunftstag miteinander bekanntmachen. Dazu ist nach der Eingewöhnungsphase immer noch genügend Zeit.

Erziehung – das Geheimnis: Spiel und Belohnung

Es gibt immer noch Leute, die glauben, Katzen könne man nicht erziehen. Das ist nicht richtig. Man kann sie zwar niemals zwingen, aber man kann sie zu fast allem überreden, wenn man es richtig anfängt. Katzen lernen durch Zuschauen bei ihrer Mutter und den Wurfgeschwistern und sie haben ein sehr feines Gehör. Erziehung wird am erfolgreichsten im Spiel vermittelt und dadurch, dass Ihr Kätzchen einfache Wortkombinationen, die Sie benutzen, durch Wiederholung nach einiger Zeit mit Dingen verbinden lernt, die es darf oder nicht darf. Während Sie sich mit Ihrem neuen Kurzhaarkätzchen täglich beschäftigen, beziehen Sie einfach gewisse „Lernspiele" mit ein und benutzen dabei entsprechende Rufe oder Wortkombinationen.

Kleine und große Kurzhaarkatzen haben keine Probleme mit dem Fell. Sie können es selbst pflegen. Dennoch ist **Fellpflege**, Bürsten oder Kämmen etwas, an das Sie Ihre Katze gewöhnen sollten. Meist wird sie es sowieso genießen. Es kann aber auch vorkommen, dass sie irgendwann Harz im Fell hat, weil es unter dem Weihnachtsbaum so interessant war oder sie durch etwas anderes im Haushalt verunreinigt wurde. Schon müssen Sie Ihrer Katze an den Pelz. Haben Sie sie nicht spielerisch daran gewöhnt, wird sie sich nun vielleicht wie ein kleiner Teufel verhalten. Damit eine solche Situation nicht erst aufkommen kann, gewöhnen Sie das Kätzchen beizeiten an Kamm und Bürste. Streicheln Sie es fünf Minuten täglich nicht mit der Hand, sondern mit einer Pflegebürste – im Gesicht, auf dem Rücken, auf dem Bauch. Halten Sie es spielerisch und nur leicht fest. Lassen Sie es ruhig mit der Bürste spielen, das ist „Streichelpflege-Bürstebeißen-Spielen".

Werfen Sie täglich einen Blick ins Mäulchen Ihres Katzenkindes (beobachten Sie, wie die Milchzähne von den bleibenden Zähnen ersetzt werden) und schauen Sie auch in die Öhrchen. Gehört dies zu Ihrer Spielroutine, wird die Katze es auch beim Tierarzt nicht schlimm finden und Sie selbst sehen sofort, wenn einmal etwas nicht in Ordnung sein sollte.

Kleine Katzen besitzen schon ein sehr gutes Körpergefühl und finden komplizierte Spiele besonders aufregend.

TIPP

Rufen Sie das Kätzchen **niemals** mit seinem Namen, wenn Sie etwas Unangenehmes mit ihm anstellen müssen.

Es ist leicht, ein Kätzchen an seinen **Namen** zu gewöhnen. Am besten geht es mit kleinen Leckerbissen, die es immer dann gibt, wenn es auf Namenszuruf herbeigeeilt ist.

Verabreichen Sie Wurmpaste nicht gerade dann, wenn es „freudestrahlend" Ihrem Ruf gefolgt ist, sonst verbindet es dies mit schlechten Erfahrungen und wird sich in Zukunft davonmachen, wenn Sie es rufen. Selbstverständlich schlagen Sie Ihr Kätzchen niemals!

Stubenreinheit

Normalerweise ist ein Katzenkind, wenn Sie es zu sich holen, längst stubenrein. Man darf aber nicht vergessen, dass es öfter zur Toilette muss als große Katzen. Der Magen ist noch klein, so müssen junge Kätzchen auch öfter fressen. Häufig sind sie so sehr in Spiel oder Schlaf vertieft, dass der Weg zum Häuschen schon zu lang sein kann, wenn sie bemerken, dass es pressiert. Für ganz junge Kätzchen sollten immer mehrere Toiletten zur Verfügung stehen, strategisch verteilt und gut erreichbar. Mit zunehmendem Alter der Katze genügen dann zwei, denn sie mag gerne eine fürs große und eine fürs kleine Geschäft.

Sollte doch einmal ein Malheur auf den Polstern passiert sein, werden Sie niemals Ihr Kätzchen mit der Nase hineintunken! Erstens wird das Kätzchen den Zusammenhang nicht verstehen. Es würde unweigerlich scheu und ängstlich Ihnen und Ihrer Hand gegenüber, die ihm ein solch unangenehmes Erlebnis beschert. Zweitens lag der Fehler vielleicht gar nicht beim Katzenkind sondern bei Ihnen. War die Katzentoilette frei zugänglich? Wurde die Katze vom Durchfall überrascht? Hat sie sich furchtbar erschreckt und sich deshalb nicht auf die Toilette gewagt? Oder war die Toilette nicht frisch und sauber? Viele Katzen weigern sich zu Recht, ein Klo zu benutzen, das schmutzig ist.

Bei beginnender Geschlechtsreife spritzen manche heranwachsenden Kater Urin zur Duftmarkierung ihres Reviers. Mit der Kastration durch den Tierarzt wird dem in den allermeisten Fällen ein Ende gesetzt.

Für das Zusammenleben mehrerer Katzen gilt als Faustregel: je mehr auf engem Raum gehalten werden, desto größer sind die Probleme mit der Unsauberkeit. Dann ist die Toleranzgrenze überschritten; einzelne Katzen werden durch den Mangel an „Sicherheitszone" ihr Revier überdeutlich auf diese Weise markieren. Oft zeigen sie ihrem Menschen so gezielt, was sie meinen, indem sie vor seinen Augen sie ihr Bächlein ins Spülbecken oder das Häufchen ins Bett oder den Lieblingsessel machen: „Schau her, ich bin unglücklich!"

Katzen lieben Geselligkeit, aber niemals im Übermaß.

TIPP

Wenn ehemals stubenreine Katzen **plötzlich unsauber** werden, kann das mehrere Ursachen haben. **Eifersucht** ist einer der häufigsten Gründe, es könnte aber auch ein gesundheitliches Problem dahinter stecken.

„Ein bisschen groß, die Kiste, aber scharren kann man darin, dass die Streu nur so fliegt!"

Zuviele Katzen in einer Wohnung sind ihnen ein Gräuel.

„Passt! Behalte ich ...“

Spielen, klettern und lernen, was verboten ist

In der ganzen Wohnung herumzuturnen – wenn es geht, auch an den Gardinen hoch – das ist das größte Vergnügen für junge Katzen. Sie üben Geschicklichkeit und Körperbeherrschung für die Jagd. Im Gegensatz zu Hunden haben sie schon sehr viel Körpergefühl, sind gute Kletterer und auch immer gern auf „Ausguck“, damit sie ihr „Jagdrevier“ im Überblick behalten. Die dritte Dimension gehört bei der Katze zum Lebensraum. In unseren Wohnungen sind das Regale, Schränke, Fenstersimse oder große Kratz- und Kletterbäume – eben alles, was nur igendwie einen Weg nach oben ermöglicht. Wenn Sie dies stört, dann ist die Katze nicht das richtige Haustier für Sie.

Es gibt in der Wohnung aber durchaus Plätze, die absolut tabu sind: Esstisch, Küchenanrichte und Herd. Dies müssen Sie Ihrer Katze konsequent beibringen. Einmal tabu ist immer tabu! Geht die Katze auf einen unerlaubten Platz, setzen Sie sie sofort auf den Boden und zischen dabei – ein Warnton in der Natur, auf den die Katze instinktiv reagiert.

Kratzt Ihr junges Tigerbaby an Stellen, an denen es dies nicht tun soll, halten Sie sacht seine Pfoten einen Moment lang fest und bringen es zu seinem Kratzbaum. Dort kratzen Sie selbst mit der Hand und ermutigen so das Kätzchen, es nachzumachen.

Währenddessen loben und streicheln Sie es. Das Kätzchen muss damit ein angenehmes Erlebnis verbinden, dann wird es sich gut merken, welcher Platz zum Kratzen erlaubt ist.

Katzen lernen durch Zusehen und Abschauen und auch Sie werden bald lernen, Ihrem Stubentiger vorzumachen, was Sie von ihm wollen. Beobachten Sie Ihre Katze gut, schauspielern Sie, aber vergessen Sie dabei nicht, dass mit Humor und Geduld mehr zu erreichen ist als ohne. Tun Sie so, als seien Sie selbst Katze! Dann ist es für die kleine Samtpfote überzeugend und erstrebenswert, es nachzuahmen. Die hohe Kunst der „Überredung“ einer Katze besteht darin, so geschickt in der Katzensprache und Katzenkörpersprache zu werden, dass Ihr Schmusetiger schließlich das will, was Sie wollen. Deshalb: je mehr Sie selbst durch Beobachtung lernen, Ihre Katze zu verstehen, desto leichter werden Sie Ihr etwas beibringen können.

Ein Beispiel für Katzensprache kann man von Katzenmüttern ler-

Gardinen im Wind – wenn Sie nicht wollen, dass das Kätzchen daran schaukelt, dann hängen Sie sie ab, bis die Katze größer ist.

nen: wird ihnen das wilde Spiel des Babys mit ihrem Schwanz zuviel, das sie sonst mit erstaunlicher Geduld ertragen, schnauben sie das Baby ein- oder zweimal an. Reicht dies nicht, um das aufmüpfige Kleine zu zügeln, dann hält die Katzenmama es mit dem Maul, ohne Druck, sehr sanft aber mit unerschütterlicher Bestimmtheit so lange an der Kehle fest, bis es sich beruhigt hat.

TIPP

Schreien Sie die Katze nie an, sie versteht den „Lärm“ nicht. Damit erreichen Sie nur, dass sie scheu wird.

Steckt unser junger Katzenfratz also seine Nase in Dinge, die ihn nichts angehen, versuchen Sie es einmal mit leichtem Anblasen oder Anschnauben nach Katzenart. Wundern Sie sich dann aber nicht, wenn Ihre Katze Sie erstaunt anschaut: „Wie, du kannst das auch?“

Die ausgewachsene Kurzhaarkatze

Alle Kurzhaar-Katzenrassen wären von Natur aus in der Lage, selbstständig in der freien Natur zu überleben. Viele unserer ganz normalen Hauskatzen tun es erfolgreich. Manche landen im Tierheim oder fallen dem Verkehr zum Opfer, viele werden von Jägern erschossen.
Wir wollen sie aber gerne als Hausgenossen um uns haben und sie vor den Risiken der Außenwelt bewahren. Gleichzeitig müssen wir ihnen trotzdem ein spannendes und gesundes Leben bieten.

In der Wohnung

Im Gegensatz zu einem verbreiteten Vorurteil ist es gut möglich, eine Katze völlig ohne Freiauslauf in der Wohnung zu halten. Allerdings muss man die richtigen Bedingungen dafür schaffen. Das ist nicht schwer; alles, was Sie für ein interessantes Katzenleben drinnen brauchen, finden Sie im vorhergehenden Kapitel beschrieben.

Wer könnte einem solchen Blick widerstehen …

Seite 46/47: Diese beiden haben etwas zu bereden: „Verzieh' dich, der Baumstamm gehört mir!“

Wichtig für Wohnungskatzen

- Kletterbaum und andere Klettermöglichkeiten
- Verschiedene Schlaf-und Ruheplätze
- Spielzeug und Phantasie beim Spiel mit der Katze
- Gesichertes Fenster oder mit Netzen gesicherter Balkon

Die robuste, kurzhaarige Wohnungskatze sollte unbedingt die Möglichkeit haben, zum Beispiel durch ein mit Netzen abgesichertes Fenster, besser noch einen Balkon oder ein abgeteiltes Gartenstück, Zugang zu frischer Luft und Sonne zu erhalten. Alle Lebewesen brauchen dies, um wirklich gesund zu bleiben. Vor allem alte Katzen lieben die wärmende Kraft der Sonne auf ihrem Pelz. Es ist erstaunlich, wie warm sie bei ihrem Sonnenbad werden können, ohne dass es ihnen ungemütlich wird.

Dies ist dennoch ein Plädoyer für die Wohnungskatze: wenigen Nachteilen steht eine Fülle von Vorteilen gegenüber.

Wohnungskatzen werden viel älter als Freigänger. Diese sterben meist früh an Infektionskrankheiten, im Straßenverkehr, durch Vergiftungen mit Chemikalien oder Schädlingsvertilgungsmitteln. Jedes Jahr verschwinden Tausende freilaufender Hauskatzen auf unerklärliche Weise, sie werden gestohlen oder geraten in unfreiwillige Gefangenschaft in Kellern und Garagen, aus denen sie dann nicht nicht mehr entkommen können. Das Schlimme ist, dass man oft nie erfährt, was aus dem Tier geworden ist – für den Tierhalter eine traurige und belastende Sache.

Durch Tätowierung oder einen vom Tierarzt unter die Haut injizierten Erkennungschip können die Tiere wenigstens identifiziert werden und unter Umständen erfährt der Tierhalter vom Verbleib seines Lieblings.

Verglichen damit führen Wohnungskatzen ein sicheres und behagliches Leben. Sie sind geschützt vor Diebstahl, Parasiten und den Infektionskrankheiten, die von Tier zu Tier direkt übertragen werden.

Beachten Sie einige grundlegende Regeln, ist auch die Unfallgefahr in der Wohnung gering. Es gibt allerdings Gefahrenquellen im Haushalt, die man unbedingt kennen sollte:

Manche Katzen gewöhnen sich an ein Geschirr und können draußen spazieren geführt werden.

Fenster lassen sich leicht mit einem Netz katzensicher machen.

Links:
Auf einem mit Netzen abgesicherten Balkon kann die Katze ohne Gefahr Luft und Sonne geniessen.

- In **Kippfenster** eingeklemmte Katzen erleiden ein grausiges, qualvolles Ende. Solche Todesfallen kann man mit speziellen Schutzvorrichtungen verhindern, die es im Zoofachhandel zu kaufen gibt.
- Der **ungesicherte Balkon**: Jedes Jahr stürzen besonders im Sommer, wenn die Mücken tanzen, viele Katzen in die Tiefe und ziehen sich schwerste oder tödliche Verletzungen zu. Weniger als fünf Minuten auf dem Balkongeländer, eine einzige tanzende Motte – und die neugierige Samtpfote riskiert ihr Leben. Auch hier gibt es fast unsichtbare, leicht zu montierende Netze, die Ihrer Katze einen sicheren Platz an der frischen Luft garantieren.
- **Vergiftungsgefahr** besteht bei einigen Zimmerpflanzen (siehe rechts). Achten Sie darauf, wenn Ihre Mieze Zugang zu Räumen mit Pflanzen hat. Meist gehen Katzen eher nicht an Pflanzen, eine Ausnahme sind aber hübsche, exotische Blumensträuße. Sie verführen zum Spielen, Gräslein werden aus den knisternden Gebilden gezupft und oft sind in den floristischen Werken eingefärbte oder giftige Pflanzenteile mitverwendet worden.
Chemikalien, Medikamente, Reinigungsmittel, Farben und Lösungsmittel müssen für Katzen unzugänglich aufbewahrt werden. Falscher Flohpuder oder Aspirin aus der Hausapotheke können eine Katze umbringen. Deshalb darf auch **Medikamenteneingabe** niemals ohne tierärztliche Anweisung erfolgen.

TIPP

Ein Fall für den Tierarzt!
Warten Sie nicht, wenn Sie beobachtet haben, dass Ihr neugieriges, spielwütiges Katzenkind unbekannte, gefärbte oder bekannte, giftige Pflanzenteile geschluckt hat. Fahren Sie sofort zum Tierarzt. Nehmen Sie die Pflanzenteile nach Möglichkeit mit.

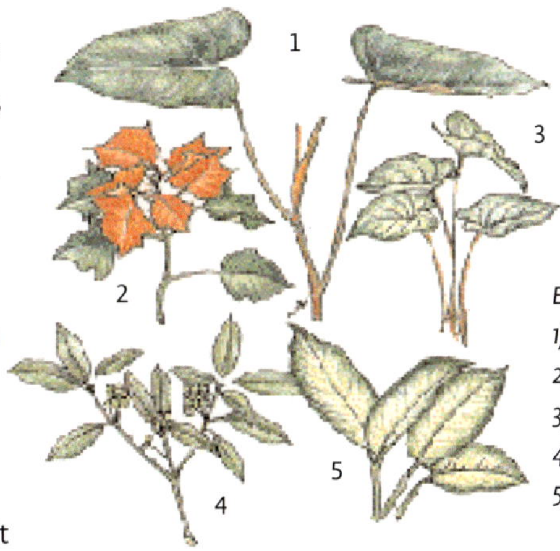

Einige giftige Pflanzen:
1) Philodendron
2) Weihnachtsstern
3) Kaladie
4) Kirschlorbeer
5) Dieffenbachia

giftige Zimmerpflanzen	katzenfreundliche Pflanzen
Oleander	Gras
Dieffenbachia	Grünlilie
Philodendron	Schnittlauch
Flieder	Katzenminze
Aralie	Baldrian

- **Aus Versehen eingesperrt** zu werden kommt bei unseren neugierigen Stubentigern öfter vor, als man denkt. Dunkle Nischen, Kästen, Schubladen, Schränke, Trockner, Wasch- und Spülmaschine

ziehen auch erwachsene Katzen magisch an. Achten Sie also immer ganz bewusst darauf, dass Sie Ihre Katze nicht versehentlich einsperren, einklemmen oder gar in der noch warmen Waschmaschine oder im Trockner vergessen!

→ **Verbrennungen und Verbrühungen** bei Katze und Mensch passieren leicht, wenn es in der Küche hektisch zugeht. Besonders junge Stubentiger klettern gern an den Hosenbeinen hoch. Manche Katze hat sich schon den Schwanz abgefackelt, weil sie am Herd den Gasflammen zu nahe kam. Wenn Sie mit heißen Töpfen voll verführerisch duftenden Speisen hantieren, verbannen Sie die Katze solange aus der Küche. Es ist für alle Beteiligten gefährlich und schließlich wollen Sie nicht Paulinchens Schicksal aus dem Struwwelpeter erleiden.

→ Die **volle Badewanne** mit nassem Rand kann Katzen zu einem unfreiwilligen Bad verhelfen. Wenn der Rand rutschig und das Wasser heiß ist, dann schafft es Mieze in ihrer Angst vielleicht nicht allein aus der Wanne. Ein gelegentliches Bad hat zwar kaum je einer Katze geschadet, für Thermalschwimmen ist sie aber nicht geschaffen. Lassen Sie die Badezimmertür bei gefüllter Wanne lieber geschlossen.

Freiheit im sicheren Garten

Wenn Sie können, sollten Sie Ihrer Katze im Garten oder auf der Terrasse ein eigenes kleines Reich zugeste-

Katzen lieben es, draußen im Gras zu spielen oder ein Sonnenbad zu nehmen.

hen. Terrassen kann man mit Netzen absichern. Handwerklich Geschickte können selbst aus Holz und Drahtgittern einen Auslauf bauen. Es gibt auch teure, volierenartige Freigehege zu kaufen.

Ideal ist es, wenn eine solche Voliere direkten Anschluss ans Haus hat, so dass unser Frischluft suchender Tiger über ein Fenster oder eine Katzenklappe zwischen drinnen und draußen frei wählen kann.

Wer sehr ländlich oder in absolut ruhiger Lage wohnt, kann es vielleicht riskieren, seine Katze frei draußen laufen zu lassen. Er sollte sich allerdings der damit verbundenen Risiken bewusst zu sein. Man muss seine Katze regelmäßig auf Parasiten untersuchen, bei Mäusefängern auch ganz regelmäßig entwurmen, besonders gegen Bandwürmer. Vor allem ist bei freilaufenden Katzen darauf zu achten, dass die Tollwutimpfung aufgefrischt wird. Der Tierarzt ist wird Ihnen sagen, was Sie vorbeugend tun können, und er wird Ihr Tier behandeln, sollte dies nach einem Ausflug nötig sein.

Bringt Ihnen Ihr freiheitsliebender Brite oder Europäer Mäuse nach Hause – jede Katze, die etwas auf sich hält, tut dies – so ist es, auch wenn Sie es noch so widerlich finden, das größte Geschenk und Kompliment, das Ihnen Ihre Katze machen kann. Sie versteht die Welt nicht mehr, wenn Sie sie dafür schelten. Bedanken Sie sich also, loben Sie Ihr Prachtstück und lassen Sie die Maus verschwinden, wenn die Katze es nicht merkt.

Gleich alt aber nicht gleich weit: klar, wer jetzt hier der Chef ist. Später kann sich das Blatt wenden.

„Hinter diesen großen Pfoten fühle ich mich sicher!"

Mit anderen Haustieren?

Katzen mit anderen Haustieren in Gesellschaft zu halten ist meist kein Problem. Gut ist immer, wenn die Tiere in sehr jungem Alter miteinander bekannt gemacht wurden. Manche solcher Heimtier-Beziehungskisten sind richtig innig, andere beruhen eher auf gegenseitiger Duldung, und wieder andere – vergleichsweise wenige – funktionieren nie.

- Die Beziehung **Katze-Hund** geht meist wunderbar. Am besten gewöhnt man beide als Jungtiere aneinander. Ein ruhiger Hund, der keine schlechten Erfahrungen mit Katzen gemacht hat, wird auch später noch lernen, Katzen zu akzeptieren. Umgekehrt kann sich eine erwachsene Katze gut an einen neuen Hund anpassen, wenn dieser jung oder bereits an Katzen gewöhnt ist.
- **Kaninchen und Katzen** haben nicht viel gemeinsam, können aber ebenfalls in ganz jungem Alter aneinander gewöhnt werden. Manche Zwergkaninchen haben die Eigenart, Katzen geradezu zu hassen und auf sie loszugehen. Größere Kaninchenrassen sind meist ruhiger und besser auf Katzen zu sprechen.
- **Kleinere Nager und Vögel** passen in das Beuteschema unserer Stu-

bentiger. Hier gilt: hat das Kleintier den Käfig verlassen, verwandelt es sich vom geduldeten Hausgenossen sofort in jagbares Wild. Hamster, Meerschweinchen, Vögel und dergleichen, auch **Fische,** wenn sie mit der Pfote im Wasser zu erreichen sind, sollten deshalb dem Zugriff von Katzen durch sichere Unterbringung entzogen werden. Kleinere Nager müssen in aus- und einbruchsicheren, stabilen Behältern gehalten werden, Aquarien sollten immer abgedeckt sein.

→ Vögel leiden meist schon durch die pure Anwesenheit einer Katze so unter Stress, dass sie ernsthaften Schaden nehmen können. **Größere Vögel** wie Papageien können dagegen recht wehrhaft sein und leichtsinnige Jungkätzchen verletzen. Von Ausnahmen abgesehen hat es sich bewährt, den Wohnbereich von Katzen und Vögeln strikt zu trennen.

TIPP

Lassen Sie Ihr junges Kätzchen nie mit einem anderen Haustier unbeaufsichtigt, solange die beiden sich noch nicht gut kennen. Gewöhnen Sie sie Schritt für Schritt aneinander.

→ Der **beste Spielkamerad** für eine Katze ist immer noch eine Katze. Ideal sind Wurfgeschwister oder etwa gleich alte Kätzchen, die man miteinander bei sich aufnimmt. Auch später kann eine Katze jederzeit an Katzengesellschaft gewöhnt werden. Das Geschlecht spielt dabei keine Rolle, auch zwei oder mehrere kastrierte Kater kommen gut miteinander aus.

Die Ratte ist dem Katzenkind nicht ganz geheuer.

Reisen und Urlaub – mit und ohne Katze

Planen Sie rechtzeitig, wie Ihre Katze dann versorgt werden soll, wenn Sie, was immer einmal vorkommen kann, für kürzer oder länger verreisen müssen.

Mieze bleibt daheim

Wenn Sie nur wenige Tage weg sind oder eine zuverlässige Betreuung für Ihr Tier haben, ist es am besten, es bleibt in seinen vertrauten vier Wänden. Für die Katze ist dies die stressärmste Lösung.

Wohlversorgt zu Hause

Mindestens einmal am Tag sollte der Betreuer zu Ihrer Katze kommen und alle Versorgungsmaßnahmen durchführen, die nötig sind: Füttern, Trinkwasser frisch auffüllen, Katzentoilette reinigen. Das allein genügt aber nicht. Genauso wichtig ist, dass er mit Ihrer Katze spricht, sie streichelt und mit ihr spielt. Er sollte sich eine gewisse Zeit mit ihr beschäftigen, gleich, ob er nebenbei noch die Blumen gießt, die Post aus dem Kasten nimmt oder eine Weile Zeitung liest.

Tierpension oder private Pflegestelle

Wird sich Ihre Abwesenheit auf einen längeren Zeitraum erstrecken, dann gibt es die Möglichkeit, die Katze in eine Katzenpension oder an eine private Pflegestelle zu geben. Dies ist eine Lösung, bei der jedoch Vorsicht angesagt ist. Bemühen Sie sich früh um einen solchen Platz und schauen Sie sich verschiedene Einrichtungen und private Pflegestellen genau an. Machen Sie sich selbst ein Bild davon, wie die Tiere gehalten und versorgt werden. Es gibt gute Katzenpensionen, bei denen die Tiere fachgerecht und hygienisch untergebracht sind. Ein schwer kalkulierbares Risiko bleibt aber immer: der immense Stress für das Tier, das sich in völlig fremder Umgebung ohne Sie als Bezugsperson zurechtfinden muss. Dazu kommt ein erhöhtes Infektionsrisiko. An Orten mit ständigem Wechsel von Pflegetieren sind zwangsläufig auch ansteckende Viruskrankheiten nie ganz auszuschließen. Geben Sie Ihre Katze niemals an einen Platz, wo sie mit anderen, fremden Katzen in einem Quartier gehalten wird. Die einzige Ausnahme ist, wenn alle Katzen aus einem einzigen Haushalt zusammen in Pflege gehen.

Als Urlaubsplatz ist das Tierheim nicht geeignet. Gerade hier werden viele Katzen aufgenommen, die einen völlig unbekannten Impf- und Infektionsstatus haben. Auch die

Rechte Seite: Auf dem Lieblingsbaum ist die Aussicht für den British Blue am besten.

TIPP

Haben Sie keine Freunde, Bekannten oder Nachbarn, die sich bereit erklären, die Katze zu versorgen, kann man den Stubentiger durch örtliche Catsitter-Clubs oder Privatpersonen versorgen lassen. Über das Internet, Tierheim, Tierärzte oder gelegentlich Anzeigen in der Zeitung finden Sie Kontakt zu Menschen, die Urlaubspflege von Haustieren übernehmen.

Fluktuation an Tieren kann sehr groß sein, besonders während der Ferienzeiten, wenn viele ausgesetzte Tiere untergebracht werden müssen.

Manche Tierärzte bieten einen Urlaubsservice an. Das ist eine echte Alternative, wenn der Tierarzt eigene, von der Praxis getrennte Räumlichkeiten für Pensionskatzen unterhält.

Samtpfote reist mit

Manche Katzen gewöhnen sich regelrecht daran, im Auto und sogar im Wohnwagen immer mit dabei zu sein. Viele Hotels, Pensionen und Vermieter von Ferienwohnungen erlauben Haustiere. Es gibt Reiseunternehmer, die sich auf tierfreundliche Urlaubsquartiere spezialisiert haben und besondere Pauschalangebote mit Zug, Flug oder gar Schiffsreisen anbieten. Im Flugzeug dürfen Tiere bis fünf Kilogramm oft mit in die Kabine, während sehr große Katzen oder Katzengruppen im klimatisierten, druckausgeglichenen Frachtraum untergebracht werden. Im Zug fährt die Katze in einem geschlossenen Transportbehälter gratis mit.

Reisevorbereitungen

In jedem Fall müssen Sie sich früh genug mit der Vorbereitung der Reise beschäftigen. Besorgen Sie den EU-Heimtierausweis: Für Reisen innerhalb der EU benötigt die Katze dafür einen implantierten Mikrochip und eine gültige Tollwutimpfung. Beides bekommen Sie beim Tierarzt. Die folgende Checkliste kann Ihnen bei der Urlaubsplanung helfen.

Checkliste für den Urlaub mit Katze

Ein ausbruchsicherer Katzenkorb und der Heimtierausweis sind neben dem gewohnten Futter die wichtigsten Reiseutensilien.

- Sie brauchen einen **stabilen Transportbehälter**: Er muss groß, schlagfest und gut belüftet sein. Die Öffnungen sollten aber so klein sein, dass die Katze nicht mit den Pfoten durchkommt und sich verletzen könnte. Die Box muss absolut sicher zu verschließen sein. Denken Sie an Kälte und Hitze. Wenn es kalt ist, können Sie mit einer Wärmflasche für eine gemütliche Umgebungstemperatur sorgen. Ist es sehr heiß, müssen Sie darauf achten, dass für die lebenswichtige Ventilation gesorgt ist, sonst kann das Tier schnell an einem Hitzschlag sterben. Für Transporte im Frachtraum von Flugzeugen gelten strenge Vorschriften zur Ausstattung des Reisekäfigs, über die die Fluggesellschaft informiert.
- Je nach Ziel sind bei Auslandsreisen verschiedene Impfungen (Tollwut) und manchmal auch amtliche Gesundheitszeugnisse vorgeschrieben. Holen Sie

Für eine reiseerfahrene Katze bedeutet es weniger Stress, wenn sie mit ihren Menschen in Urlaub darf.

rechtzeitig vor der Reise bei den Automobilclubs oder bei Ihrem Tierarzt Auskunft ein, damit Sie die Fristen einhalten können, die für Impfungen oder den Zeitpunkt der Ausstellung des Gesundheitsattestes gelten. Die Papiere müssen Sie dann bei der Einreise an der Grenze vorlegen.

→ **Katzentoilette und Streu**: Normalerweise werden Sie auf Reisen nicht den komfortablen Toilettenpalast von zu Hause mitnehmen können. Bringen Sie Ihrer Majestät Katze schon vor der Reise bei, eine kleine Reisetoilette zu benutzen, dann stehen Sie nicht später vor dem Problem, dass sie nun für einige Zeit ein eher bescheidenes Schälchen benutzen muss und dies nicht zuverlässig tut. Ebenso sieht es mit der Streu aus. Tonstreu ist schwer und umständlich zu transportieren, Holzstreu eignet sich besser auf Reisen. Das funktioniert aber auch nur, wenn die Samtpfote diese Streu bereits kennt und sie akzeptiert hat – ein wichtiger Punkt, der ebenfalls zu den längerfristigen Vorbereitungen des gemeinsamen Urlaubs gehört.

→ **Futter**: Nehmen Sie das gewohnte Futter Ihrer Katze mit und planen Sie die Menge großzügig für den Zeitraum der Reise. Vergessen Sie das Fressgeschirr nicht. Ein paar Flaschen stilles Mineralwasser, falls die Wasserqualität im Urlaubsland nicht so gut sein sollte, verringern das Risiko, dass die Mieze unterwegs Durchfall bekommt.

→ **Wärmflasche und Notfallapotheke**: Eine Wärmflasche und ein paar Arzneien für die häufigsten Wehwehchen sollten unbedingt zum Reisegepäck gehören. Durchfallpulver, Ungezieferspray, Desinfektionsmittel, Augentropfen und Wundsalbe, ein Breitbandantibiotikum und was sonst noch nötig sein könnte – Ihr Tierarzt wird es Ihnen gerne zusammenstellen.

→ **Vertraute Katzenutensilien** wie Schmusedecke und Kuschelkörbchen, einige Spielsachen, ein kleines Kratzbrett, die Lieblingsdinge Ihrer Katze also, sollten Sie auf jeden Fall auch mit einpacken.

Ein paar Hotelregeln

Informieren Sie die Rezeption von der Anwesenheit ihres Stubentigers. Das Personal in den Hotels ist Katzen meist sehr zugetan. Damit Sie weiterhin gern gesehene Gäste bleiben, denken Sie daran:

→ Rollige Katzendamen und spritzende Kater sind eine Zumutung und nur im geschlossenen Badezimmer erträglich.

→ Futterschalen und Katzentoiletten stellt man auf Fliesenboden oder auf Zeitungspapier, am besten im Badezimmer.

→ Informieren Sie das Personal, damit ihre Katze nicht unversehens entwischt, während der Zimmerservice tätig ist. Sonst kann es auch passieren, dass das Stubenmädchen glaubt, eine der vielen Küchenkatzen der Gegend habe sich in Ihr Zimmer verirrt und sie müsse das neugierige Tier wieder „fortjagen“.

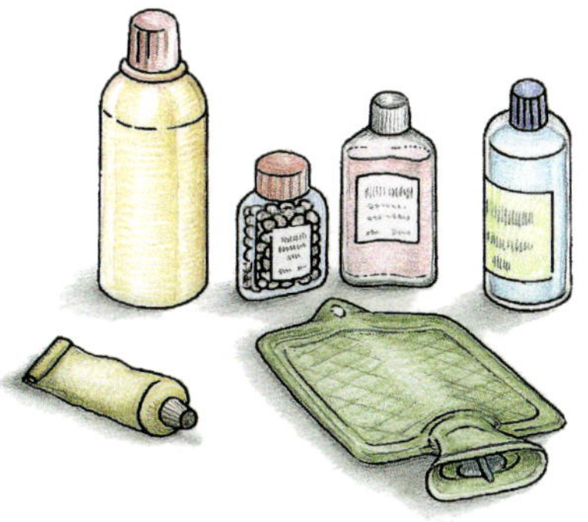

Wärmflasche und Notapotheke gehören unbedingt ins Reisegepäck.

Ernährung und Gesundheit

Richtige Ernährung hält die Katze gesund. Die optimale Ernährung für unsere Katzen, die in Wohnungen leben und nicht mehr auf die Jagd gehen können, muss die richtige Zusammensetzung besitzen. Dafür gibt es Fertigfutter in riesiger Auswahl. Wer das Futter selbst zubereiten will, sollte dabei unbedingt auf die richtigen Inhaltsstoffe achten.

Katzen fressen Beutetiere

Unsere Katzen sind von Natur aus Raubtiere. Sie fressen ihre Beute vollständig – mit Haut und Haaren, Federn und Mageninhalt. Auch freilaufende Hauskatzen, die von Menschen gelegentlich gefüttert werden, erlegen teilweise ihre Nahrung selbst.

Eine optimale Ernährung der Katze bedeutet, in der Zusammensetzung des Futters dem Beutetier möglichst nahezukommen. Alle Nährstoffe sollten in einem ausgewogenen Verhältnis bedarfsgerecht darin enthalten sein.

Die einfachste Art ist die Fütterung mit qualitativ hochwertigem Fertigfutter, dem sogenannten **Premiumfutter**, das sogar zugeschnitten auf die individuellen Bedürfnisse der Samptpfoten zu kaufen ist. So gibt es Fertigfutter für **Trächtigkeit und Säugezeit**, die **Aufzucht** junger Katzen, den Ernährungsbedarf durchschnittlicher, **erwachsener Katzen**, sehr aktiver oder sensibler Tiere, Seniorenfutter und kalorienreduzierte Kost für **übergewichtige Tiere**. Spezielle **Diätfutter** für kranke Katzen sind über den Tierarzt erhältlich. Alle diese Vollnahrungen sind als Nass- und Trockenfutter erhältlich.

Wer will, kann das Futter für seine Katze auch selbst zubereiten. Um Defizite oder eine schädliche Überversorgung mit einzelnen Nährstoffen zu vermeiden, die entstehen können, wenn die Zusammensetzung des selbstgemachten Futters nicht stimmt, sollten sich die Interessierten in Büchern mit speziellen Kochrezepten informieren. Sie sind so berechnet, dass die Zusammensetzung optimal auf den Bedarf der Katze abgestimmt ist. Richtet man sich genau danach, ist es sogar empfehlenswert, regelmäßig als Ergänzung oder Abwechslung, solches Futter zu geben. Dann wissen Sie auch genau, was Ihre Katze frisst.

Nährmittel für Katzen im Überblick

→ **Nassfutter**: Nassfutter in Dosen ist bei Katzen sehr beliebt. Entscheiden Sie sich jedoch stets für Produkte ohne Malz und Sojaanreicherung und ohne Farb-, Konservierungs- und Lockstoffe.

Rechte Seite: Frische Weizensprösslinge sind bei Katzen sehr beliebt und man kann sie ihnen das ganze Jahr über anbieten.

Durchfall und sogar Allergien werden häufig durch diese Stoffe verursacht.

- **Trockenfutter**: Eine ausschließliche Ernährung mit hochwertigem Trockenfutter von hoher Verdaulichkeit ist möglich, aber nur, wenn das Tier dabei ausreichend Flüssigkeit aufnimmt. Wählen Sie stets ein Trockenfutter, welches so ausgewogen ist, dass nicht mit einer erhöhten Gefahr für die Bildung von Harngries zu rechnen ist. Bei guten Marken wird darauf hingewiesen, dass die Zusammensetzung die Bildung von Harngries nicht unterstützt. Fragen Sie Ihren Tierarzt, welche Marke er empfehlen würde. Gute Qualität ist deutlich teurer, diese Sorten sind aber durch hohe Verdaulichkeit im Verbrauch sehr sparsam. Trockenfutter hat noch einen nützlichen Nebeneffekt: durch die harte Konsistenz werden Zähne und Kaumuskulatur beansprucht und gesund erhalten. Ein Stück rohes Fleisch – **nicht klein geschnitten**, ein Stück vom Ochsenschwanz oder Rindergulasch reinigt die Zähne ebenfalls auf ganz natürliche Weise. Die Katze muss daran mit ihrem Gebiss arbeiten, es bleiben keine Reste in der Maulhöhle zurück, wie etwa bei weichem Fertigfutter. Auch hat das rohe Fleisch die Form und Festigkeit, mit der ein Katzengebiss von Natur aus umgehen kann.
- **Halbtrockenes Futter**: Halbtrockenes Futter setzt sich in der Katzenernährung bei uns langsam durch. Auch hier gilt: darauf achten, dass keine Farb- und Zusatzstoffe enthalten sind.
- **Milch und Milchprodukte**: Frische Milch eignet sich nicht für Katzen. Der darin enthaltene Milchzucker (Laktose) kann bei erwachsenen Katzen Durchfall verursachen.

Nass- und Trockenfutter für Katzen sind in großer Auswahl erhältlich.

Wenn Sie mit einer bestimmten Futtersorte gute Erfahrungen gemacht haben: ihre Katze verträgt das Futter gut, trinkt genug, frisst es gern, der Kot ist in Ordnung und hat keinen untypischen Geruch und vor allem, sie ist fit wie ein Turnschuh und hat super glänzendes Fell – dann haben Sie das richtige Trockenfutter gefunden.

Spezielle Katzenmilch enthält weniger Milchzucker und ist gut geeignet für unsere Leckermäuler.

Spezielle Katzenmilch ist laktosereduziert und gut verträglich, sollte aber als zusätzliches Nahrungsmittel und nicht als Durstlöscher gewertet werden. Katzenkinder profitieren sehr von einem täglichen Zusatz an Katzenmilch. Erwachsene, insbesondere kastrierte Tiere ohne körperliche Belastung, könnten jedoch schnell ein wenig zu dick werden. Fermentierte Milchprodukte wie Joghurt, Hüttenkäse und Quark sind für Katzen sehr gut verträglich und gesund. Sie liefern leicht verdauliches Eiweiß und Calcium für gesunde Knochen und Zähne.

- **Selbstzubereitetes Futter**: Hausmannskost sollte für unser kleines Raubtier zu drei Viertel aus Fleisch, Fisch, Geflügel oder Eiern bestehen. Ein Viertel wird in Form aufgeschlossener Kohlenhydrate wie vorgekochtem Reis, Haferschleim, Maisgrieß und anderen Getreiden zugesetzt.

TIPP

Knochen und Gräten sollten gründlich entfernt werden, bevor das Futter zubereitet wird, weil sie schwere Verletzungen im Verdauungstrakt der Tiere zur Folge haben können.

- Das Fleisch sollte für den menschlichen Verzehr geeignet sein. Rohes Schweinefleisch und rohes, gemischtes Hackfleisch kann ein tödliches Virus (Aujeszky'sche Krankheit) auf die Katzen übertragen. Wenn Schweinefleisch gefüttert wird, muss dies immer vollständig gar sein. Für Katzen gut geeignetes Fleisch ist Rind, Lamm, Pferd, Kaninchen und Wild. Ist es frisch und tadellos, kann es bedenkenlos roh gefüttert werden. Dies ist von großem Nutzen für das Immunsystem der Katze, deren ursprüngliches Futter das rohe Beutetier ist. Schweinfleisch, Geflügel und Fisch dürfen jedoch nur abgekocht verfüttert werden, um eine Übertragung von Parasiten und anderen Keimen auszuschließen.
Selbst zubereitetes Futter sollte mit einem Multivitamin- und Mineralpräparat angereichert werden, allerdings nach genauer Dosierung. Auch dazu geben die entsprechenden „Katzenkochbücher“ oder der Tierarzt Auskunft.
- **Nahrungsergänzungen**: Leckereien wie Vitaminhefeflocken, Trockenfisch oder Knabberkrusten sind zwischendurch und als Belohnungshäppchen für Katzen geeignet. Halten Sie sich aber bitte an die Dosierungsempfehlungen der Hersteller. Für Menschen gedachte Süßigkeiten sind ungesund, schädigen Gebiss und Stoffwechsel und können Stoffe enthalten, die für Katzen giftig sind.
- **Wasser**: Das Getränk für die Katze. Es muss immer frisches Wasser bereitstehen – besonders, wenn Sie das Tier ausschließlich mit Tro-

ckenfutter ernähren. Wasser muss täglich frisch in einer sauberen Schüssel hergerichtet werden.

→ **Katzengras**: Die Katze braucht Gras zur Reinigung des Verdauungstraktes von Haaren, die sie zwangsläufig bei der Fellpflege abschluckt. Alle Katzen müssen regelmäßig ein wenig Gras knabbern können. Gras- oder Getreidesaatmischungen zum Selberaussäen oder fertige Schalen mit verschiedenen Grasarten können Sie unter der Bezeichnung „Katzengras" im Zoofachhandel und inzwischen sogar schon in manchen Supermärkten kaufen. Manche Katzen nagen gerne an Schittlauch, Basilikum oder Dill. Diese Kräuter kann sind in kleinen Töpfen für den Frischverbrauch in der Küche erhältlich – natürlich ungespritzt!

Wie oft und wie viel Futter?

Junge Katzen bis zu neun Monaten sollten entweder stets Zugang zum Futter haben oder vier- bis fünfmal am Tag Futter angeboten bekommen. Das gleiche gilt für kranke und alte Katzen. Trockenfutter kann immer stehen bleiben. Nassfutter muss zweimal am Tag frisch bereitgestellt werden, geben Sie also nur so viel, dass alles gefressen wird. In der warmen Jahreszeit kann das Futter sauer werden oder Fliegen anlocken und wird dann unverträglich für unseren Stubentiger.

Im Gegensatz zu manchen Hunden überfressen sich Katzen nicht. Trotzdem können beispielsweise kastrierte Tiere, die etwas faul geworden sind, dicker werden.

Sollte Ihre Katze zu dick sein, kann der Tierarzt kalorienreduziertes Futter empfehlen. Generell tut es allen Katzen gut, gelegentlich für einige Stunden kein Futter zu sehen oder zu riechen; die nächste Mahlzeit wird mit um so größerer Vorfreude und Appetit erwartet! Die Katzen verlieren auf diese Weise auch die Freude am Fressen nicht so schnell oder werden wählerisch mit dem Futter – eine Eigenheit der Samtpfoten, die schon manchen Besitzer fast zur Verzweiflung gebracht hat!

Bei der Futtermenge richten Sie sich nach den Angaben des Herstellers. Beachten Sie aber bitte außerdem die Konstitution Ihrer Katze. Bei einer gesunden Katze sollte man die Rippen unter leichtem Druck mit den Fingern spüren können. Sie dürfen nicht hervorstehen, das Tier darf keinesfalls mager und knochig sein. Etwas auf den Rippen zu haben, ist weniger ungesund als zu mager zu sein. Aber die Katze sollte auch auf keinen Fall zu dick sein, denn dies ist auf lange Sicht schlecht für die Gesundheit. Damit Ihre Katze in Form bleibt, passen Sie die Futtermenge an oder steigen je nach Bedarf auf ein gehaltvolleres oder weniger gehaltvolles Futter um.

Gelegentlich muss jede Katze Gras knabbern können.

Magert Ihre Katze plötzlich ab, sollten Sie auf jeden Fall einen Tierarzt aufsuchen.

Katzenkinder brauchen mehrere Mahlzeiten am Tag.

Setzt die Katze übelriechenden, breiigen Kot ab oder leidet unter Blähungen, kann eventuell das Futter schuld sein. Dann müssen Sie nach einem verträglicheren Futter für Ihre Katze suchen. Auswahl an guten Futtersorten und Schonkost gibt es im Fachhandel genug; oft hilft es auch schon, wenn man mit selbst zubereiteter Hausmannskost ergänzt.

Gesundheit

Kurzhaarkatzen sind widerstandsfähig und können bei guter Gesundheitsvorsorge und artgerechter Haltung ziemlich betagt werden. Im Durchschnitt erreichen sie ein Alter von 15 Jahren, einzelne werden sogar fast zwanzig, aber das ist eher die Ausnahme.

Der Tierarzt – Ihr wichtigster Partner!

Katzen werden mit den Jahren ruhiger, aber sie werden nicht schleichend grau wie Hunde. Sie behalten ihre Beweglichkeit und Aufmerksamkeit und können sehr lange auch noch richtig verspielt sein. Die sehr alte Katze ist dankbar für etwas Hilfe bei der Fellpflege, außerdem sucht sie die Wärme noch mehr, als es eine Katze sowieso immer tut. Hat sie nur noch wenige oder keine Zähne mehr, zerkleinert man ihr das Futter oder bietet ganz weiche Nahrung an. Der wirkliche Alterungsprozess geht relativ schnell, die alte Freundin kann sehr krankheitsanfällig oder schwer krank werden. Nun liegt es in Ihrer Verantwortung, sie nicht unnötig leiden zu lassen.

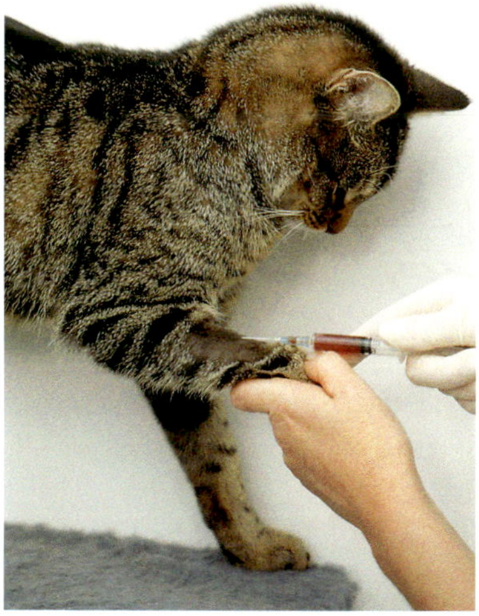

Der Tierarzt kann anhand einer Blutprobe der Katze verschiedene Untersuchungen machen.

Es ist sehr schmerzvoll, wenn klar wird, dass man sich von seinem Lebensgefährten Tier verabschieden muss. Helfen Sie Ihrem todkranken Liebling, indem Sie ihn vom Tierarzt dann schmerzfrei und sanft einschläfern lassen.

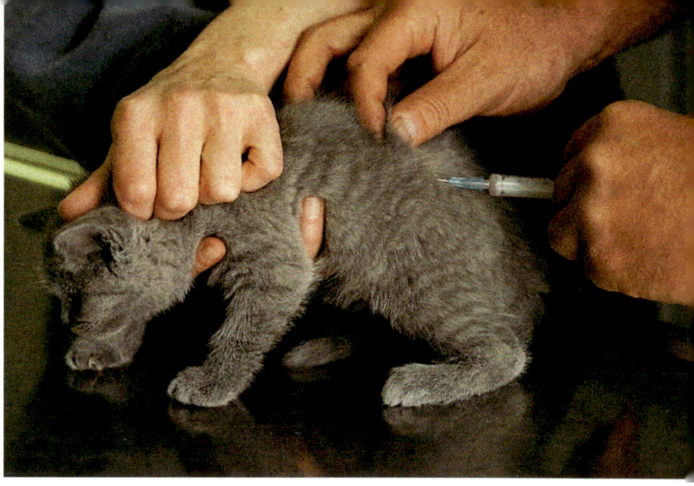

Ob für Routineuntersuchung, Impfung oder Behandlung, den Tierarzt brauchen Sie ein Katzenleben lang.

Erfreulicherweise zählen die Kurzhaarkatzen zu den recht robusten Rassen und es ist gut möglich, dass Ihr Kätzchen den Tierarzt nur zur Impfung, Wurmkur und Gebisspflege besuchen muss. Achten Sie jedoch immer darauf, dass die Katze nicht zu dick wird.

Für Züchter ist wichtig zu wissen, dass bei einer zukünftigen Zuchtkatze ein paar Dinge vorher abgeklärt werden sollten. In ganz seltenen Fällen kann bei den Kurzhaarkatzen eine schwere Form der Bluterkrankheit (Hämophilie) vorkommen, die erblich ist. Mit Tieren aus betroffenen Linien sollte nicht gezüchtet werden.

Es gibt außerdem eine Blutgruppenunverträglichkeit, vergleichbar dem Rhesus-Faktor beim Menschen. Insbesondere bei der Britisch Kurzhaar sollte rein informativ die Blutgruppe (entweder A oder B) durch eine einfache Laboruntersuchung festgestellt werden, wenn man mit der Katze züchten möchte. Dafür gibt es eine einfache Erklärung: die überwiegende Zahl aller Rassekatzen hat die Blutgruppe A. Nun gibt es aber einige Rassen, die einen gewissen Prozentsatz Tiere mit der Blutgruppe B aufweisen. Paart man eine Katze mit der Blutgruppe A mit einer der Blutgruppe B, kann es bei den neugeborenen Jungtieren durch Unverträglichkeit der Blutgruppen ab dem zweiten Wurf zum Welpensterben kommen. Die Babys können nur durch künstliche Ernährung vor dem Tod gerettet werden. Für die meisten dürfte es aber zu spät sein, bis der Züchter merkt, was los ist. Auf keinen Fall dürfen die betroffenen Neugeborenen weiter von ihrer Mutter gesäugt werden. Damit nichts schiefgehen kann, sollte deshalb jede angehende Zuchtkatze und jeder stolze Zuchtkater einem kleinen Blutgruppentest unterzogen werden. Dies ist ohne großen Aufwand möglich und kann zugleich mit anderen Virustests durchgeführt werden. Fragen Sie dazu Ihren Tierarzt.

Ihr Beitrag zur Gesundheit Ihrer Katze

→ **Beobachten** Sie Ihr Tier: ist es munter, hat es normalen Appetit, ist sein Fell glänzend und anliegend, sind seine Ausscheidungen in Ordnung? Zögern Sie nie, den fachlichen Rat des Tierarztes oder im Idealfall auch des Züchters einzuholen.

→ Für Notfälle sollten Sie eine kleine **Hausapotheke** anlegen. Der Tierarzt wird Ihnen sagen, was Sie dazu brauchen und

Wurmpaste.

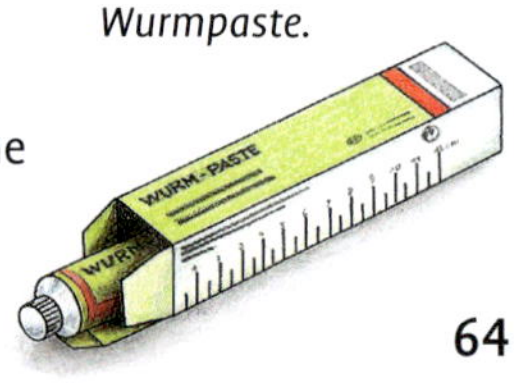

er wird Ihnen zeigen, wie man bei Samtpfote Fieber misst. Die normale Körpertemperatur bei Katzen liegt etwa bei 38,5 °C. Bei Abweichungen von mehr als 0,5 °C sollten Sie umgehend tierärztlichen Rat suchen.

→ Für eine erstklassige Gesundheitsbetreuung sind zwei Dinge sind enorm wichtig: regelmäßiges **Entwurmen** – auch von Wohnungskatzen – und regelmäßige **Schutzimpfungen**. Gegen viele gefährliche Viruserkrankungen kann man impfen, eine Versorgungsmaßnahme, die sich auf jeden Fall lohnt.

An einen Tag im Jahr, den Sie sich im Kalender vormerken sollten, wird Ihr Haustierarzt den Stubentiger gründlich untersuchen. Er wird auch das Gebiss anschauen und Ihnen sagen, ob beispielsweise Zahnstein entfernt werden muss. Wenn die Katze schon älter ist oder etwas übergewichtig, wird er Ihnen Tipps zur Fütterung geben. Nur absolut gesunde Tiere dürfen geimpft werden.

Der Tierarzt stimmt mit Ihnen auch die Häufigkeit und die Art der regelmäßigen Wurmkuren ab und er wird Ihnen sagen, wann der beste Zeitpunkt für die Kastration gekommen ist.

TIPP

Nach der Kastration legen manche Katzen vorübergehend an Gewicht zu. Dies normalisiert sich aber von selbst wieder, wenn Sie die Futtermenge nicht erhöhen. Kastrierte Tiere brauchen grundsätzlich etwas weniger Futter.

Impfplan

Vor den ersten Impfungen ist es sinnvoll, über Bluttests auf FELV (Katzenleukose) und FIV (Erworbene Immunschwäche) sicherzustellen, dass keine dieser Virusinfektionen vorliegt. Wenn der Züchter Ihnen die aktuelle Virusfreiheit der Elterntiere bescheinigen kann, sind diese Tests beim Jungtier allerdings nicht nötig.

Die Grundimmunisierung junger Kätzchen und die Auffrischungsimpfungen erfolgen nach unten aufgeführten Zeitplan:

Zeitplan für Impfungen

Krankheit	Grundimmunisierung 1. Impfung	Grundimmunisierung 2. Impfung	Wiederholungsimpfung
Tollwut	ab 12. Lebenswoche		jährlich
Katzenseuche	ab 8. Lebenswoche	3 Wochen später	jährlich bis alle 2 Jahre
Katzenschnupfen	ab 8. Lebenswoche	3 Wochen später	jährlich bis alle 2 Jahre
FELV (Katzenleukose)	ab 9. Lebenswoche	3 Wochen später	jährlich *
FIP (Feline Infektiöse Peritonitis)	ab 16. Lebenswoche	3 Wochen später	jährlich *

* empfehlenswert nur für Katzen mit Kontakt zu anderen Katzen, für einzeln gehaltene Wohnungskatzen überflüssig.

Die wichtigsten Krankheiten der Katze

Bezeichnung	Übertragung	Symptome	Testmöglichkeiten, Impfung	Heilungsaussichten
Viruserkrankungen				
Katzenseuche (Panleukopenie)	von Tier zu Tier und über kontaminierte Gegenstände	Erbrechen, Durchfall, rascher Verfall, Fieber, Austrocknung	Impfung	Heilung möglich
Katzenschnupfen	von Tier zu Tier und über kontaminierte Gegenstände	Niesen, Ausfluss aus Nase und Augen, Schluckbeschwerden, Mundhöhlen- und Rachenentzündung, in schweren Fällen Fieber und Lungenentzündung	Impfung	Heilung möglich
FELV (Katzenleukose)	von Tier zu Tier und über Ausscheidungen, auch Speichel	sehr mannigfaltig, u.a. Infektionsneigung, Tumorbildung, Fruchtbarkeitsstörungen, „chronische Kümmerer“	Bluttest, Impfung bei Virusfreiheit reduziert Infektionsrisko	keine, wenn Krankheit ausgebrochen ist
FIP (Feline Infektiöse Peritonitis)	von Tier zu Tier, von der trächtigen Kätzin auf ungeborene Junge, über kontaminierte Gegenstände	diffus, insbesondere Fieber, allmählicher Verfall, Futterverweigerung, Störungen im Zentralnervensystem (Lähmungen, Krämpfe etc.), Flüssigkeitsansammlung in verschiedenen Körperhöhlen, multiple Entzündungsherde in inneren Organen	Bluttest, leider nicht 100%ig sicher, da ein Antikörpertiter bei einem klinisch gesunden Tier keinerlei Aussage erlaubt über die Wahrscheinlichkeit eines Ausbruches der Krankheit, Impfung verfügbar	keine, wenn Krankheit ausgebrochen ist
FIV (Erworbene Immunschwäche)	von Tier zu Tier, besonders durch Biss- und Kratzwunden, nicht auf den Menschen übertragbar	ähnlich FELV	Bluttest, keine Impfung verfügbar	keine
Andere Erkrankungen				
Endoparasiten	Würmer und Mikroorganismen verschiedenster Art und Übertragungsweise, Bandwürmer z.B. über Flöhe	verschiedene gesundheitliche Probleme, je nach Parasit	Vorsorge und Behandlung durch den Tierarzt	gut
Ektoparasiten	Flöhe, Zecken, Milben etc.	verschiedene Hautprobleme, je nach Parasit	Vorsorge und Behandlung durch den Tierarzt	gut
Pilzerkrankungen	Pilze verschiedenster Art, Übertragung von Tier zu Tier oder über Personen, kontaminierte Gegenstände	haarlose Stellen, Borken, Schuppen, Krusten, mit oder ohne Juckreiz	Identifikation und Behandlung durch den Tierarzt, Impfung ist seit neuestem verfügbar	gut

Aufstellung der Katzenkrankheiten

Viruserkrankungen

- **Katzenseuche** (Panleukopenie).
- **Katzenschnupfen**.
- **FELV** (Katzenleukose).
- **FIP** (Feline Infektiöse Peritonitis). Testmöglichkeit: Bluttest, der leider nicht 100 %ig sicher ist. Es wird bei einer Titerbestimmung der zum Testzeitpunkt im Blut existierende Antikörpergehalt gegen ein Corona-Virus festgestellt. Dieses Virus kann möglicherweise bei einem empfänglichen Tier FIP auslösen. Ein Antikörpertiter, gleich welcher Höhe, sagt bei einem klinisch gesunden Tier nichts darüber aus, ob es überhaupt und wenn ja, wann es an FIP erkranken wird. Viele Katzen haben einen „FIP"-Titer, sind aber putzmunter und zeigen ihr Leben lang keine FIP-Symptome. Aufgrund der geringen Aussagekraft des Tests besteht keinerlei Rechtfertigung dafür, klinisch gesunde Katzen mit einem hohen Titer zu euthanasieren, wie dies in Zuchten zur „Sanierung des Bestandes" leider schon geschehen ist. Eine Impfung ist verfügbar.
- **FIV** (Erworbene Immunschwäche).

Die wichtigsten Informationen zu den Viruskrankheiten finden Sie in der nebenstehenden Tabelle.

Andere Erkrankungen

- **Endoparasiten** (Würmer).
- **Ektoparasiten** (Flöhe, Milben, Zecken und andere).
- **Pilzerkrankungen** (u.a. Mikrosporie).

Mit speziellen Sprays, Spot-On-Präparaten und Halsbändern kann man einem Befall mit Flöhen und Zecken vorbeugen. Ihr Tierarzt wird Sie gerne beraten.

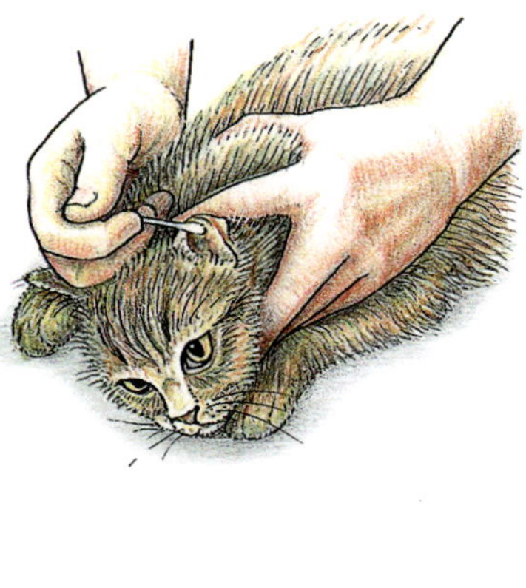

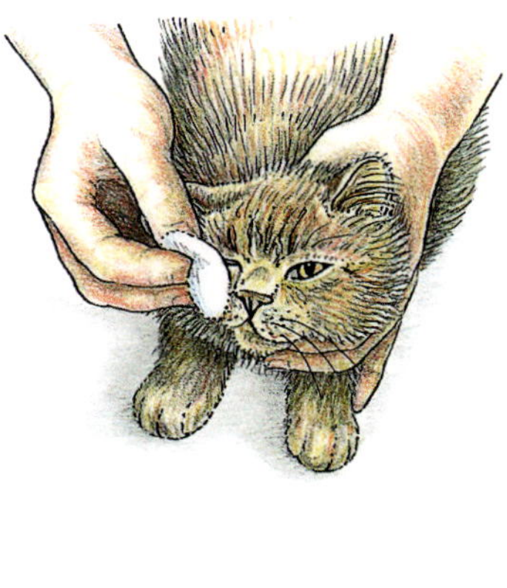

Mit Wattestäbchen und Wattebausch werden Ohren und Augen bei der Katze vorsichtig gereinigt.

Züchten und Genetik

Züchten – Ein Hobby, das Zeit und Geld kostet

Die Idee, mit einer schönen Katzendame einmal einen Wurf aufzuziehen, kommt dem Katzenfreund spätestens dann zum ersten Mal, wenn die Kätzin rollig wird. Auch die Meinung, zur optimalen Entwicklung einer weiblichen Katze gehöre ein Wurf, hält sich hartnäckig. Dem ist allerdings nicht so – es ist weder gesundheitsförderlich noch notwendig, eine Kätzin einmal Junge haben zu lassen, bevor sie kastriert wird. Wenn Sie überhaupt daran denken, nur einen einzigen Wurf Jungtiere aufzuziehen, überlegen Sie sich dies vorher ganz genau. Katzen züchten ist nicht so einfach, wie es scheint: Sie brauchen Zeit, Platz und eine Menge Geld. Das Budget und die Zeit Ihres Jahresurlaubs werden Sie dafür brauchen – besonders dann, wenn Komplikationen oder Erkrankungen auftreten. Beantworten Sie sich selbst deshalb unbedingt vorher die folgenden wichtigen Fragen.

Fünf Fragen an den angehenden Züchter

Sind Sie bereit, den finanziellen Aufwand zu tragen?
Kätzchen aufziehen ist nicht billig. Schon die Deckgebühr beim Kater liegt zwischen 250.– und 500.– €. Tierarztkosten für Vorsorge, Impfungen, Entwurmung, eventuell Geburtshilfe werden anfallen. Katzenmutter und -kinder benötigen bestes Futter. Bald werden Sie feststellen, dass Sie in die Aufzucht weit mehr Geld gesteckt haben, als Sie durch den Verkauf der Jungtiere zurückbekommen. Vergessen Sie dabei nicht, dass für die Unterlagen der Kätzchen, Stammbaum und Vereinsgebühren Auslagen entstehen. Auch Anzeigen müssen bezahlt werden, wenn Sie sichergehen wollen, dass Ihre Babys alle ein gutes Zuhause bekommen.

Haben Sie genügend Zeit?
Die Kätzin wirft normalerweise nach 63 bis 65 Tagen Tragzeit, eine Geburt zwischen dem 59. und dem 70. Tag ist aber auch noch im Rahmen. Das heißt, Sie sollten in dieser ganzen Zeit keine anderen Verpflichtungen annehmen und immer wieder, auch nachts, nach Ihrer Katze schauen. Besonders die Tage vor dem Geburtstermin sollten für die Kätzin geregelt und ohne große Störungen verlaufen. Rassekatzen wie unsere instinktsicheren Kurzhaarkatzen entbinden

Rechte Seite: Ob diese Kätzin gerade von Nachwuchs träumt – oder eher ihre stolzen menschlichen Besitzer?

Eine Katzenmutter und ihre Jungen brauchen allerbeste Versorgung.

Mit buntem Knisterzeug lässt es sich wunderbar spielen.

meist ohne größere Probleme. Trotzdem ist es besser – viele Kätzinnen wollen es sogar und zeigen es deutlich – wenn Sie während des ganzen Geburtsvorganges dabei sind. Pflege und Aufzucht der Katzenkinder macht viel Arbeit. Können Sie dies neben Ihren üblichen Tätigkeiten bewältigen? Wenn Sie berufstätig sind, wäre es gut, den Urlaub für diese Zeit einzuplanen.

Haben Sie genügend Platz?

Damit ein Katzenwurf sich ungestört entwickeln kann, sollten Sie einen gesonderten Raum innerhalb der Wohnung haben, an dem sich die Tierchen frei und sicher bewegen können. Durchgangsverkehr von Kindern und anderen Haustieren stört. Trotzdem muss von Geburt an verständnisvoller Kontakt mit Menschen vorhanden sein. Haben Sie die Möglichkeit, Ihrer zukünftigen Katzenmama entsprechende Räumlichkeiten für eine ungestörte und dennoch menschenbezogene Aufzucht bieten?

Sind Sie emotional belastbar?

Das ist keine sonderbare Frage, auch wenn Sie dies vielleicht jetzt denken mögen. Bei der Aufzucht der kleinen Kätzchen können auch traurige Ereignisse passieren. Jungtiere und Mutterkatzen können schwer erkranken oder gar sterben. Im glücklichsten Fall, wenn alles glatt gegangen ist, kommt der Tag, an dem Sie sich von den Kleinen durch den Verkauf trennen müssen. Sie kennen sie vom ersten Atemzug an, haben ihre ganze Entwicklung erlebt, besondere Lieblinge unter den Babys, aber es ist unmöglich, sie alle zu behalten. Eine Bande junger Katzen kann andererseits ganz schön lebhaft und zerstörerisch sein. Trotzdem darf es Ihnen nicht in den Sinn kommen, sie schnell loszuwerden – nur der beste Platz ist gut genug! Werden Sie dies alles verkraften, und haben Sie auch die Geduld und das Durchstehvermögen, wirklich gute Plätze für Ihre Katzenkinder zu finden?

Ist Ihre Katze zur Zucht geeignet?

Ob Ihre Kätzin gesundheitlich in Topform ist, kann der Tierarzt abklären. Er wird sie genau untersuchen und feststellen, ob sie ausreichend gut entwickelt und in bester Kondition ist. Sie sollte dem Zuchtstandard der Rasse entsprechen. Das müssen Sie als Laie vorher auf einer

Katzenausstellung von Richtern beurteilen lassen.

Die standardgemäße Zuchttauglichkeit einer Katze wird auf der Ausstellung durch die Formnote „vorzüglich“ bestätigt. Manche Vereine knüpfen Zuchteignung jedoch nicht an Formnoten. Sie können theoretisch mit jeder Katze züchten, die eine authentische Ahnentafel besitzt. Es ist in Ihrem eigenen Interesse, Wert darauf zu legen, dass Sie wirklich nur mit einem vielversprechenden Tier züchten – gleich ob Katze oder Kater.

Nur völlig gesunde, gut entwickelte und standardtypische Tiere sind zuchtgeeignet.

Seien Sie sich selbst gegenüber ganz ehrlich. Müssen Sie nur eine der Fragen mit „Nein“ beantworten, sollten Sie Ihr „Zuchtprojekt“ als gescheitert betrachten. Züchten ist ein Hobby, das sich nicht wegräumen lässt wie Skier, wenn es keinen Schnee mehr gibt. Treffen Sie diese ernste Entscheidung bitte im Sinne der Tiere und nicht danach, wozu Sie selbst Lust hätten!

Zum Züchten gehört Genetik

Est keine leichte Aufgabe, Katzen zu züchten. Der verantwortungsvolle Züchter muss immer daran denken, dass er trotz all seiner Begeisterung für seine Katzen, die Jungtiere, mit denen er nicht weiter züchtet, gut unterbringt. Das ist meist nicht weiter schwierig, wenn eine Katzenrasse beliebt ist. Hat sie aber nur wenige Freunde oder ist weniger bekannt, dauert ein Zuchtprogramm viele Jahre. Das ist die eine Seite. Die andere, genauso wichtige ist, dass der Züchter ein Grundwissen über die Vorgänge bei der Vererbung haben muss. Ohne dies ist keine sinnvolle Planung der Zucht möglich und ohne Planung werden Katzen allenfalls vermehrt, nicht aber gezüchtet. Leider haben Katzenzüchter oft wenig Interesse, sich dieses Wissen anzueigenen – weit weniger als beispielsweise die Kleintierzüchter, die sich in der Genetik oft wirklich gut auskennen.

So unwiderstehlich Katzenkinder auch sind, das Züchten will gut überlegt sein.

Hier sollen einige Grundregeln der Genetik erklärt werden und wie Sie damit umgehen können, wenn Sie sich für Katzenzucht interessieren. Wissenschaftliche Hintergründe mussten aber sehr stark vereinfacht dargestellt und manche Fragestellungen können überhaupt nicht beantwortet werden. In speziellen Fällen hilft Ihnen die Fachliteratur weiter oder Sie wenden sich an Züchter, die mit der Genetik vertraut sind.

Was ist Genetik?

Ein Forschungsgebiet der Biologie ist die **Vererbungslehre** oder **Genetik**. Es beschäftigt sich damit, wie Eigenschaften und Merkmale von Lebewesen, die Erbanlagen oder Gene, von Generation zu Generation weitergegeben werden. Die wissen-

Britisch Kurzhaar in Bicolor: Blau mit Weißscheckung.

schaftlichen Erkenntnisse dieser Forschung werden in der Praxis angewandt, um beispielsweise die Ergebnisse in der Nutztier- oder Pflanzenzucht gezielt beeinflussen zu können. Schwächen und Erbkrankheiten sollen vermieden und bestimmte Erscheinungsbilder – bei Katzen zum Beispiel eine ganz bestimmte Fellfarbe – sozusagen auf Wunsch gezüchtet werden.

Was sind Erbanlagen?

Unsere Katze besteht, wie jedes Lebewesen, aus Billionen winziger **Zellen**. Diese hochkomplizierten Einheiten sind die Grundbausteine des Körpers und sie erfüllen sehr viele Funktionen.

Die Lebensinformation – sie könnte im heutigen Sprachgebrauch als die Software des Organismus bezeichnet werden, sitzt in organischen Molekülen chemisch verschlüsselt im **Zellkern.** Die Einheiten der Erbsubstanz nennt man **Chromosomen**. Es sind fadenförmige Gebilde, auf denen die Einzelinformationen, sogenannte **Gene**, liegen. In diesen Genen sind durch eine bestimmten Abfolge chemisch verknüpfter Moleküle alle Anleitungen für den Bau und die Funktion des ganzen Lebewesens „aufgeschrieben".

Je nachdem, wo die Zelle im Körper sitzt, werden unterschiedliche Informationen abgerufen und als Funktionen ausgeführt. Eine Hautzelle hat beispielsweise Gene für Haarfarbe und Fellstruktur in Benutzung, in einer Leberzelle sind Gene für bestimmte Enzyme aktiv.

Die einzelne Zelle verfügt grundsätzlich über die gesamte „Lebensinformation", führt aber im Organismus in Zusammenarbeit mit anderen Zellen und in räumlicher Organisation innerhalb eines Organs nur bestimmte Aufgaben aus.

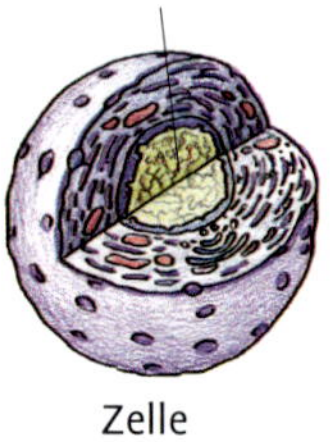

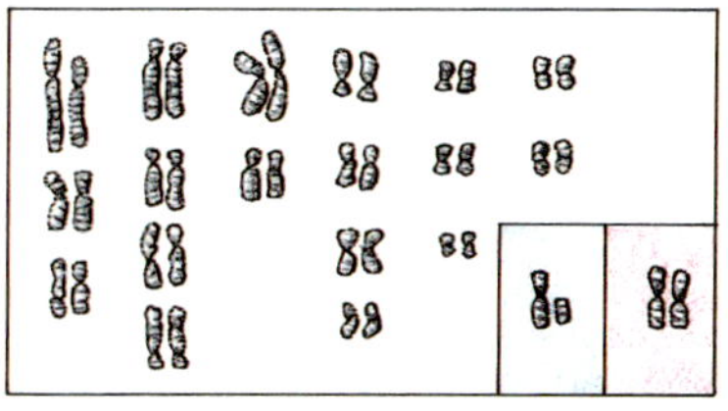

Links: Alle Chromosomen befinden sich im Zellkern.
Rechts: Das große Feld zeigt die Autosomen der Katze, das kleine die Geschlechtschromosomen: links die XY-Chromosomen des Katers, rechts die XX-Chromosomen der Kätzin.

Die Fellfarben

Das Gen für die **Wildfarbe** (Tarnzeichnung) aller Katzen wird mit Aguti bezeichnet. Wildfärbung zeigt sich als dunklere Tupfung, Tigerstreifen, Rosetten oder Maserung auf hellerem Untergrund. Das Muster entsteht, indem Pigment in jedem einzelnen Haar nicht gleichmäßig verteilt, sondern in einzelnen dunklen und hellen Bändern eingelagert wird.
Die verschiedenen Musterungen, in denen sich Wildfarbe zeigen kann, nennt man **Tabby.** Die Gene für die verschiedenen Muster werden mit T, T^a und t^b (siehe Tabelle Fellgene, S. 82) bezeichnet. Jede Katze besitzt Tabby-Gene, aber sie wird nur dann auch ein Tabbymuster zeigen, wenn sie dazu das Aguti-Gen A trägt.
Trägt ein Tier kein Aguti (aa), wird sein Fell auch keine Tabby-Musterung zeigen, es ist einfarbig. Aus dem Englischen kommt die Bezeichnung Self für diese Tiere ohne Wildfarbe.

Tupfen (Spotted Tabby)

Streifen (Mackerel Tabby)

Stromung, Räderzeichnung (Classic Tabby)

Die Katze besitzt in jeder Zelle 38 Chromosomen, jeweils 19 wurden von jedem Elternteil bei der Befruchtung der Eizelle beigesteuert. Die gesamte Erbinformation ist also doppelt vorhanden, in Form einander entsprechender Chromosomenpaare. Bis auf ein Paar werden sie als homologe Chromosomen oder **Autosomen** bezeichnet. Ein einziges Paar besteht aus ungleichen, also nicht homologen Chromosomen. Dies sind die **Heterosomen** oder geschlechtsbestimmenden Chromosomen X und Y. Die Kätzin besitzt zwei X- Chromosomen, der Kater ein X- und ein Y-Chromosom. Die Bezeichnungen X und Y wurden wissenschaftlich festgelegt.
Alle Gene oder Einzelmerkmale eines Individuums zusammen, die es auf seinen Chromosomen besitzt, werden als **Genotyp** bezeichnet. Die Ausprägung der Merkmale im äußeren Erscheinungsbild – also nur die sichtbaren Eigenschaften wie Körperbau, Augenfarbe, Haarstruktur und Fellfarbe – bilden den **Phänotyp** des einzelnen Lebewesens.

Gene, die bekannt sind, werden mit Buchstaben gekennzeichnet. Bei jedem der 19 Chromosomenpaare der Katze entsprechen sich die beiden homologen Chromosomen genau in Art, Anzahl und Reihenfolge der Gene, die darauf verschlüsselt sind. Den Platz eines bestimmten Erbmerkmals auf dem Chromosom nennt man **Genort**. Einander entsprechende Gene, die jeweils auf demselben Genort der beiden Chromosomen eines Paares liegen, werden als **Allele** bezeichnet.

Besitzt eine Katze auf beiden homologen Chromosomen das Gen A für Aguti, so ist sie **reinerbig** für dieses Allel: AA. Sie kann nur A an ihre Nachkommen weitergeben. Besitzt sie aber ein Allel A und das andere a (ohne Wildfarbe, verändert in der Ausprägung gegenüber A), dann ist die Katze **mischerbig** für dieses Allel: Aa. Sie kann sowohl A als auch a an die Nachkommen vererben (siehe Tabelle S. 74).

Mutationen – veränderte Gene

Wenn ein Gen dauerhaft verändert ist und sich so weitervererbt, nennt man dies eine **Mutation**. Diese steuert zwar immer noch dasselbe Gen, führt aber zu einer anderen Ausprägung. Nicht-Aguti a ist eine Mutation des Gens A (Wildfarbe). In der Natur sehen wir dies bei Schwärzlingen des Jaguars, den schwarzen Panthern oder auch gelegentlich bei Leoparden und Servalen.

Ein anderes Beispiel für Mutationen ist die Serie der Gene, die die Pigmentbildung steuern: B = Schwarz, b = Chocolate (schokoladenbraun), b^l = Cinnamon (zimtfarben); b und b^l sind Mutationen von B. Sie entstanden im asiatischen Raum und kamen über die Siamkatze nach Europa.

Ein Gen ist merkmalbestimmend, = **dominant**, wenn es auf jeden Fall in Erscheinung tritt, selbst wenn es nur von einem Elternteil her (mischerbig) vorliegt. Man bezeichnet dominante Gene mit Großbuchstaben. Meist, aber nicht immer sind die Wildtypgene dominant, die mutierten Gene rezessiv.

Ein **rezessives** Gen ist dem dominanten Gen unterlegen, tritt also bei dessen Anwesenheit nicht in sichtbar Erscheinung. Es kann nur dann zur Ausprägung kommen, wenn es von

Bei dieser Katzengruppe sind die Tiere mit Räderzeichnung sehr deutlich von den Mackerel zu unterscheiden.

Beispiel: Aguti (Wildfarbe) A

genetische Ausstattung	Bezeichnung	sichtbare Ausprägung
reinerbig	AA	tabby
mischerbig	Aa	tabby
rezessives Gen, reinerbig	aa	einfarbig ohne tabby

beiden Elternteilen her vererbt wurde (reinerbig). Man bezeichnet rezessive Gene mit Kleinbuchstaben. Mischerbig können rezessive Gene über viele Generationen unbemerkt weitergegeben werden.

Wie Erbanlagen weitergegeben werden

Durch Befruchtung einer Eizelle der Mutter mit einer Samenzelle des Vaters wächst ein neues Lebewesen heran. Die befruchtete Eizelle und alle Körperzellen teilen sich so, dass jede neue Zelle wieder den gesamten doppelten Chromosomensatz enthält. Diese Zellteilung nennt man erbgleiche Teilung oder **Mitose**. Dabei wird das komplette Erbmaterial schon vor der eigentlichen Zellteilung identisch verdoppelt und dann an die beiden Tochterzellen in gleicher Ausstattung weitergegeben.

Anders verläuft die Teilung bei der Entstehung der Keimzellen. Sie entstehen durch die Reduktionsteilung (Meiose), bei der der Chromosomensatz halbiert wird. Die Keimzellen der Katze enthalten also jeweils 19 Einzelchromosomen, erst die befruchtete Eizelle hat dann wieder den kompletten Satz von 38 Chromosomen. Die **Meiose** ist ein komplizierter, mehrstufiger Prozess, bei dem nicht nur die Chromosomenpaare getrennt werden, sondern auch Stücke von Chromosomen ausgetauscht werden können.

Ei- und Samenzellen werden durch die Reduktionsteilung oder **Meiose** gebildet. Dabei wird der Chromosomensatz halbiert. Dies ist nötig, sonst würde er sich bei jeder Befruchtung verdoppeln und die Nachkommen wären nicht lebensfähig.

Britisch Kurzhaar-Katzenkind in der Farbe Chocolate.

Auf diese Weise entsteht eine zufallsgesteuerte Umordnung und Durchmischung der Gene in jeder neuen Generation. Sie gewährleistet eine Vielfalt an Variationsmöglichkeiten in der Zusammensetzung der Gene aus allen zurückliegenden Generationen und eröffnet so nicht nur Spielräume für das Aussehen, sondern zuallererst für die arterhaltende Anpassungsfähigkeit der Tiere an veränderte Lebensbedingungen.

Vielfalt in der Natur entsteht durch Vermischung der Gene – gleich einem Würfelspiel – mit festen Regeln und dem Zufall.

Gesetzmäßigkeiten bei der Vererbung

Der böhmische Mönch Gregor Mendel entdeckte Mitte des vorigen Jahrhunderts durch Kreuzung verschiedenfarbiger Blumen im Klostergarten, dass es Gesetzmäßigkeiten gibt, mit denen Erbanlagen von einer Generation an die andere weiterge-

Kater / Kätzin	X	Y
X	XX weiblich	XY männlich
X	XX weiblich	XY männlich

geben werden. Zuerst durch Beobachtung und dann in Tausenden von Kreuzungsversuchen mit Pflanzen fand er heraus, dass die Vererbung bestimmter Eigenschaften in konstanten Zahlenverhältnissen geschieht. Dies ist die **konservative Komponente** der Vererbung. Die andere, **kreative Komponente** ist die Zufallsverteilung der väterlichen und mütterlichen Gene bei der Entstehung der Keimzellen und bei der Befruchtung selbst.

Beide Komponenten zusammen erlauben die Erhaltung der Art sowie die Anpassung an veränderte Lebensumstände durch die Variation – aus dem Zusammenspiel von festen Regeln und dem Zufall. Dieses Wissen ermöglicht uns nun, gewisse statistische Voraussagen über die Nachkommen einer bestimmten Verpaarung zu machen, wenn wir Katzen züchten.

Wie entstehen männliche und weibliche Nachkommen?

Jeder Elternteil gibt über seine Keimzelle bei der Befruchtung ein Chromosom des Heterosomenpaares (Geschlechtschromosom) weiter. Durch die Ungleichheit dieser Chromosomen entstehen je nach Kombination männliche und weibliche Nachkommen.

- ➔ Der Kater besitzt die Chromosomen XY und bildet Samenzellen mit X und Samenzellen mit Y.
- ➔ Die Kätzin besitzt die Chromosomen XX und bildet Eizellen mit X.
- ➔ Daraus ergeben sich die in der Tabelle links dargestellten Kombinationsmöglichkeiten bei der Befruchtung.

Dieses Verteilungsschema gilt auch für die anderen Chromosomen (Autosomen). Bei der Kreuzungsanalyse (siehe dort) in Form einer Schachbrettdarstellung wird auf die praktische Anwendung für die Katzenzucht näher eingegangen.

Zuchtplanung

Katzenzucht heißt nicht, einfach nur schöne Katzen, die man gerade hat, sich paaren zu lassen und dann die Jungen großzuziehen. Das kann die Natur ohne menschliches Zutun besser. Züchten bedeutet vielmehr: von Anfang an muss eine Auswahl getroffen werden, die guten und die weni-

Wenn das Gen für Scheckung vorliegt, können mehrfarbige Fellmuster entstehen: hier Schildpatt (blau-creme) mit Weiß.

Dieses Britisch-Kurzhaar-Katzenkind in der Farbe Lilac zeigt noch jugendliche Geisterzeichnung in Form eines Tabbymusters, die mit zunehmendem Alter nicht mehr erwünscht ist.

ger guten Punkte müssen gegeneinander abgewogen werden. Dann plant man die Verpaarungen mit dem Ziel, eine Verbesserung der Rasse zu erreichen. Verbesserung ist hier gemeint im Sinne der im Rassestandard vorgegebenen äußeren Merkmale. Diese werden auf Ausstellungen bewertet, auf denen sich der Züchter mit seinem Tier der Konkurrenz der anderen Züchter vor erfahrenen Richtern stellt, um dann in seiner eigenen Zucht weiterarbeiten zu können. Das Schwierigste an der Kunst des Züchtens ist der Weg zu einem bestimmten Zuchtziel. Zwei Prinzipien, Auslese und gemäßigte Inzucht, in umsichtig geplanter Kombination bilden die beste Grundlage für die Zucht. Beide haben Vor- und Nachteile, die nicht außer acht gelassen werden dürfen.

Auslese findet in der Natur mit dem Ziel statt, dem an die gegebenen Lebensumstände am besten angepassten Individuum den Vorrang zu geben. Es sind sinnvolle Kriterien, bei denen es rein um das Überleben und die Erhaltung der Art geht. In der Katzenzucht hingegen bestimmen wir die Kriterien. **Gesundheit** sollte dabei an oberster Stelle stehen. Erst dann folgen die Eigenschaften, die wir nach unserer menschlichen Ästhetik als schön empfinden wie Fellbeschaffenheit und Farbe. Für das Überleben der Art bedeuten unsere züchterischen Kriterien nichts. Deshalb sollte der Katzenzüchter nie vergessen, dass er für die Natur keinen wirklich sinnvollen Beitrag leistet, sondern höchstens dazu, menschliche Wünsche nach einem „schönen“ Tier zu befriedigen. Es gibt leider genügend Beispiele für fragliche Auslesekriterien bei der Zucht von Heimtieren.

In der Katzenzucht sind dominante oder reinerbig vorliegende Merkmale leicht zu selektieren, nicht aber die rezessiven, wenn sie mischerbig getragen werden. Diese können über Generationen versteckt weitergegeben werden. Hier hilft die gemäßigte Inzucht weiter.

Unter **Inzucht** versteht man Verpaarungen miteinander verwandter Tiere. Verpaarung von Geschwistern untereinander, wie Kinder mit Eltern, ist engste Inzucht, auch Inzestzucht. Sie führt zur größtmöglichen Reinerbigkeit, die Vielfalt der Erbanlagen wird dabei am stärksten eingeschränkt. Schädliche Genkombinationen treten sofort in den Nachkommen auf, sind entweder tödlich, zeigen sich in Missbildungen oder anderen physiologischen Störungen. In der Nutztierzüchtung wird so die Leistungsfähigkeit einer Rasse getestet. Es ist die mit den größten Risiken behaftete Art der Inzucht.

Unter **gemäßigter Inzucht** versteht man Verpaarungen weniger nah verwandter Tiere wie Großeltern mit Enkeln, Tanten oder Onkel mit Neffen oder Nichten oder Cousins mit Cousinen. Durch die Verwandtschaft liegen hier immer noch viele Gene gemeinsam vor, aber wir haben nicht die äußerst starke Einschränkung der Vielfalt der Erbanlagen und damit besteht auch nicht die große Gefahr, dass Defekte wie bei der Inzestzucht auftreten. Wiederholte Inzucht innerhalb einer Linie kann zu sogenannter **Inzuchtdepression** führen, denn nicht nur die positiven Eigenschaften werden durch die fortgesetzte Einschränkung des Genpools gefestigt, sondern auch die nachteiligen. Werden zwei Eltern aus vollständig fremden Inzuchtlinien miteinander verpaart, so wird dies als „outcross" bezeichnet. Nur die direkten Nachkommen der Verpaarung zweier verschiedener Inzuchtlinien sind oft viel größer, gesünder und fruchtbarer. Dieser **Heterosiseffekt** kommt dadurch zustande, dass bei diesen Tieren der ersten Nachzuchtgeneration der höchste Grad an Mischerbigkeit auftritt, die größtmögliche Vielfalt an Genen also.

Zur Erinnerung: Gene werden in Einheiten und Gengruppen weiter vererbt, die sich unter den Nachkommen zufallsbedingt aufspalten und verteilen können. Damit wird klar: ein bestimmtes Merkmal kann nur

TIPP

Des großen Risikos wegen sollte mit so wenig Inzucht wie unbedingt nötig in der Zucht gearbeitet werden.

Die Farbe Rot wird bei der Katze über die Geschlechtschromosomen vererbt.

Eigenschaften eines guten Züchters

- Bereitschaft, Zeit zu investieren und Geduld zu haben,
- Erfahrung, ein guter Blick für die Charakteristika seiner Rasse, wie Vitalität, Wesen und Schönheitsmerkmale,
- Beschränkung auf eine überschaubare Anzahl an Auswahlkriterien,
- Gesundheit und rassetypisches Wesen sollten ihm vor Farbe und andere äußerliche Merkmale gehen,
- Bereitschaft zu sinnvoller Zuchtplanung, Anwendung von Auslese, kombiniert mit gemäßigter Inzucht.

So funktioniert eine Kreuzungsanalyse

- Wir verwenden zur Darstellung eine Gitternetztabelle, in der in der obersten waagrechten Zeile die Gene des Katers und in der ersten senkrechten Spalte die Gene der Kätzin eingetragen werden.
- Die Genkombinationen der beiden, die dann bei den Nachkommen auftreten, tragen wir in die Kästchen ein, die an den Kreuzungspunkten senkrecht unter dem jeweiligen Gen des Katers und waagrecht vom jeweiligen Gen der Kätzin liegen.

über mehrere bis viele Generationen Schritt für Schritt durch gezielte Auswahl der Nachkommen und entsprechend gewählte Folgeverpaarungen verändert werden.

Kreuzungsanalyse

Ist für den Züchter das eigene Zuchtziel klar und kennt er die genetischen Grundlagen der Merkmale, um die es ihm geht, dann kann er für eine bestimmte Verpaarung zweier Katzen eine **Kreuzungsanalyse** erstellen. Sie gibt ihm einen statistischen Überblick über die zu erwartenden Ergebnisse. Kreuzungsanalysen beziehen sich immer auf die **Gesamtheit der theoretischen Nachkommen** aus einer Verpaarung. Das heißt, nicht in einem, sondern in allen denkbaren Würfen einer Verpaarung fallen die verschiedenen Möglichkeiten der Genotypkombinationen in einem bestimmten Zahlenverhältnis. In den Beispielen 1 bis 4 auf den folgenden Seiten sind die verschiedenen Möglichkeiten der Vererbung der Gene für Wildfarbe – Aguti A (dominant) und Einfarbigkeit – Nicht-Aguti a (rezessiv) dargestellt. Besonders dann, wenn der Züchter an rezessiven Genen interessiert ist, kann er nicht unbedingt erwarten, dass sie sich im ersten Wurf zeigen.

Um mit Sicherheit zu erfahren, ob ein Zuchttier ein bestimmtes rezessives Gen trägt, kann man eine Testverpaarung mit einem Partner machen, der dieses rezessive Gen reinerbig trägt und es damit auf jeden Fall weitergibt. Das Kreuzungsschema Beispiel 5 auf Seite 81 gilt für die Gene von Schwarz, dominant, und Blau, rezessiv. Eines der Elterntiere ist schwarz, trägt aber Blau nicht sichtbar (Genotyp BBDd), das andere Elterntier ist blau (Genotyp BBdd). Ob ein Tier rezessive Gene trägt, ist aus dem Stammbaum zu entnehmen, wenn einer der Eltern reinerbig für das rezessive Gen war. Rezessive Gene können über viele Generationen mitgetragen werden.

Wenn zwei oder drei Gene zugleich im Vererbungsvorgang interessieren, wird das Kreuzungsschema genauso angewendet. Je mehr Gene betrachtet werden, desto umfangreicher und komplizierter wird die Auswertung, vor allem, wenn sowohl dominante als auch rezessive Gene in der Kreuzungsanalyse miteinbezogen werden.

TIPP

Ein „Fehler“ eines Zuchttieres ist nicht innerhalb einer einzigen Generation auszugleichen, indem ein Partner zu Paarung verwendet wird, der diesen Fehler nicht hat. Diesem Ziel kommt man nur durch Auslese über mehrere Generationen näher.

Vier Beispiele einer Kreuzungsanalyse mit den Genen für die Fellzeichnung Wildfarbe (Aguti A) und Einfarbigkeit (Nicht-Aguti a) .

Beispiel 1

Kater

AA

Kätzin

AA

Kater reinerbig Aguti AA, produziert Samenzellen mit A,
Kätzin reinerbig Aguti AA, produziert Eizellen mit A.

Kater / Kätzin	A
A	 AA alle Nachkommen sind reinerbig Aguti

Beispiel 2

Kater

Aa

Kätzin

AA

Kater Aa, mischerbig für Aguti und produziert Samenzellen mit A und a,
Kätzin reinerbig Aguti AA, produziert Eizellen mit A*.

Kater / Kätzin	A	a
A	 AA die Hälfte der Nachkommen sind reinerbig Aguti	 Aa die Hälfte der Nachkommen sind mischerbig Aguti

* bei umgekehrter Konstellation ergeben sich die gleichen Zahlenverhältnisse.

Beispiel 3

Kater

aa

Kätzin

aa

Kater reinerbig Nicht-Aguti aa, produziert Samenzellen mit a,
Kätzin reinerbig Nicht-Aguti aa, produziert Eizellen mit a.

Kater / Kätzin	a
a	 aa alle Nachkommen sind reinerbig Nicht-Aguti

Beispiel 4

Kater

Aa

Kätzin

Aa

Beide Paarungspartner mischerbig Aguti Aa,
produzieren Keimzellen mit A und a.

Kätzin \ Kater	A	a
A	 AA ein Viertel der Nachkommen sind reinerbig Aguti	 Aa ein Viertel der Nachkommen sind mischerbig Aguti
a	 Aa ein Viertel der Nachkommen sind mischerbig Aguti	 aa ein Viertel der Nachkommen sind reinerbig Nichtaguti

Die Hälfte der Nachkommen (unterlegte Felder) sind mischerbig Aguti.

Ein Beispiel einer Kreuzungsanalyse mit den Genen für die Fellfarbe Schwarz dominant und Blau rezessiv.

Beispiel 5

Kater

BBdd

Kätzin

BBDd

Kater blau reinerbig für Blau BBdd, produziert Samenzellen mit Bd Kätzin schwarz mischerbig für Blau BBDd, produziert Eizellen mit BD und Bd.

Kätzin \ Kater	Bd
BD	 BBDd die Hälfte der Nachkommen sind schwarz und tragen das Gen für Blau
Bd	 BBdd die Hälfte der Nachkommen sind blau

Fellgene der Kurzhaarkatzen

Symbol	Name	Beschreibung
A	Aguti	Wildfarbe Tabby, einzelne Haare gebändert schwarz und gelblich braun
a	Nicht-Aguti	einfarbig, Haare nicht gebändert
B	Schwarz	schwarzes Pigment (Melanin)
b	Braun/Chocolate	veränderte Verteilung des schwarzen Pigments im Haar führt zu brauner Farbe
b^l	Cinnamon	Verteilung des Pigments im Haar ähnlich wie bei Braun, jedoch heller, milchschokoladenfarben
C	Vollfarbe	maximale Pigmentierung
c^s	Maskenzeichnung	dunkler pigmentiertes Fell an Extremitäten, Gesicht und Schwanz, auch als Points oder Himalaya-Faktor bezeichnet.
D	dichte Pigmentierung	Pigmentkörner im Haar dicht gepackt
d	verdünnte Pigmentierung	Pigmentkörner im Haar verdünnt, z.B. Schwarz zu Blau
I	Inhibitor	unterdrückt Pigment in Bereichen des Haars, Silber
i	normale Pigmentierung	volle Entwicklung der Pigmentierung im Haar
O	Rot	wandelt schwarzes Pigment in rotes um, wird geschlechtsgebunden vererbt
o	normale Farbe	normale Pigmentierung, kein Rot
S	Scheckung	variable weiße Flecken im Fell
s	normale Farbe	keine weißen Flecken
T	Mackerel	Tabbymuster gestreift
T^a	Ticking	Tabbymuster Abessinier-Ticking
t^b	Blotched	Tabbymuster gestromt, Räderzeichnung, Classic
W	Dominant Weiß	weißes Fell, Iris oder odd-eyed, maskiert alle anderen Farben, kann zu Taubheit führen
w	normale Farbe	volle Ausprägung aller anderen Farbgene

Gene für Fellfarben und Muster

Den Katzenzüchter interessieren vor allem die Gene für das Erscheinungsbild einer Katze, also Farben und Muster des Felles. Alle züchterisch interessanten Fellgene finden sich in der Tabelle oben. Dem Züchter sollte aber klar sein, dass andere Gene, etwa für Körperform oder erbliche Fehler wie falsche Zahnstellung, feh-

Genkombinationen der Self-Farben[1)]

Genetische Grundlage (Genotyp)	Aussehen (Phänotyp)
aaB-D-	Schwarz
aaB-D-I-	Black Smoke
aaB-D-S-	Schwarz-Weiß gescheckt
aaB-D-I-S-	Black Smoke-Weiß gescheckt
aaB-D-W-	Weiß, genetisch Schwarz
aaB-D-I-W-	Weiß, genetisch Black Smoke
aaB-D-S-W-	Weiß, genetisch Schwarz-Weiß gescheckt
aaB-D-I-S-W-	Weiß, genetisch Black Smoke-Weiß gescheckt
aaB-dd	Blau
aaB-ddI-	Blue Smoke
aaB-ddS-	Blau-Weiß gescheckt
aaB-ddI-S-	Blue Smoke-Weiß gescheckt
aaB-ddW-	Weiß, genetisch Blau
aaB-ddI-W-	Weiß, genetisch Blue Smoke
aaB-ddS-W-	Weiß, genetisch Blau-Weiß gescheckt
aaB-ddI-S-W-	Weiß, genetisch Blue Smoke-Weiß gescheckt
aaB-D-O(O)	Rot[2)]
aaB-D-I-O(O)	Red Smoke
aaB-D-S-O(O)	Rot-Weiß gescheckt
aaB-D-I-S-O(O)	Red Smoke-Weiß gescheckt
aaB-D-W-O(O)	Weiß, genetisch Rot
aaB-D-I-W-O(O)	Weiß, genetisch Red Smoke
aaB-D-S-W-O(O)	Weiß, genetisch Rot-Weiß gescheckt
aaB-D-I-S-W-O(O)	Weiß, genetisch Red Smoke-Weiß gescheckt
aaB-ddO(O)	Creme
aaB-ddI-O(O)	Creme Smoke
aaB-ddS-O(O)	Creme-Weiß gescheckt
aaB-ddI-S-O(O)	Creme Smoke-Weiß gescheckt
aaB-ddW-O(O)	Weiß, genetisch Creme
aaB-ddI-W-O(O)	Weiß, genetisch Creme Smoke
aaB-ddS-W-O(O)	Weiß, genetisch Creme-Weiß gescheckt
aaB-ddI-S-W-O(O)	Weiß, genetisch Creme Smoke-Weiß gescheckt

1) Bei Britisch Kurzhaar (BKH) auch in Kombination mit
bb = Chocolate, bbdd = Lilac, b^lb^l = Cinnamon,
b^lb^l = Fawn, sowie c^sc^s = Maskenzeichnung (Points) und Maskenzeichnung in Kombination mit Weißscheckung

2) Erklärung zu Rot: O entspricht beim Kater einfarbig rot, bei der Kätzin Tortie, OO entspricht Kätzin einfarbig rot

lende Zähne, Vielzehigkeit (Polydaktylie) oder unverträgliche Blutgruppen ebenso wichtig sind. Über deren Vererbungsmechanismus muss er Bescheid wissen, damit er sie in der Zuchtpraxis ausschließen kann.

Genotypen der möglichen Farbkombinationen

Die Tabellen auf den Seiten 82, 83 und rechts zeigen die Genotypen der Farben in der Übersicht.

Schwarz kann auch mit Rot, Blau mit Creme und bei Britisch Kurzhaar Cinnamon, Lilac und Fawn mit Creme kombiniert sein, wird aber nur bei den weiblichen Tieren als Schildpatt (Tortie) sichtbar.

Alle Tabby-Farben kommen entsprechend der Self-Farben vor und können aus den Tabellen zusammengestellt werden. Über Golden Tabbys, die aus Verpaarungen mit Silbertab-

Genotypen der Tabby-Farben

A-B-D-	Schwarz Tabby (= Brown Tabby bei American Shorthair)
A-B-cscsD-	Seal Tabby Point: nur BKH
A-B-dd	Blau Tabby
A-B-cscsdd	Blue Tabby Point: nur BKH
A-bbD-	Chocolate Tabby: nur BKH
A-bbc^{s}c^{s}D-	Chocolate Tabby Point: nur BKH
A-b^{l}b^{l}D-	Cinnamon Tabby: nur BKH
A-b^{l}b^{l}c^{s}c^{s}D-	Cinnamon Tabby Point: nur BKH
A-bbdd	Lilac Tabby: nur BKH
A-bbc^{s}c^{s}dd	Lilac Tabby Point: nur BKH
A-b^{l}b^{l}dd	Fawn Tabby: nur BKH
A-b^{l}b^{l}c^{s}c^{s}dd	Fawn Tabby Point: nur BKH
alle obengenannten in Kombination mit Rot:	
A-B-D-O(O)	Red Tabby: O-, Kater rot, Kätzin Tortie; OO, Kätzin rot
A-B-ddO(O)	Creme Tabby: O-, Kater rot, Kätzin Tortie; OO, Kätzin rot

bys entstehen können, kann in der Literatur nachgelesen werden, sie wurden hier nicht aufgeführt.

Geschlechtsgebundene Vererbung von Rot

Im Spezialfall der Vererbung von Rot hängt das Ergebnis davon ab, welcher der Elternteile das Gen O trägt. Es liegt auf dem X-Chromosom, von dem die Kätzin zwei, der Kater eines besitzt. Die verschiedenen Möglichkeiten sind in den Tabellen auf der nächsten Seite dargestellt.

Bei roter Fellfärbung kommt eine genetische Besonderheit zum Tragen: das Nicht-Aguti-Gen a wirkt nicht unterdrückend auf das rote Pigment im Haar. Das bedeutet, dass rote Tiere und Torties immer eine mehr oder weniger starke Tabbyzeichnung zeigen. Es ist bei diesen Katzen schwierig, die Aguti- von Nicht-Aguti-Tieren zu unterscheiden. Nur an der Nachkommenschaft könnte festgestellt werden, ob das Tier selbst wirklich Red Tabby ist oder Rot ohne Tabby ist.

Sonderfall Weiß

Bei völlig weißen Katzen kann ein erhöhtes Risiko für ein- oder beidseitige Taubheit bestehen. Die genaue Entstehung und Vererbung dieser frühembryonalen Entwicklungsstörung im Innenohr im Zusammenhang mit der Farbe ist wissenschaftlich noch nicht geklärt. Um die Behinderung bei weißen Katzen zu vermeiden, müssen sich die Züchter an sinnvolle Vorschriften halten: Weiß-mit-Weiß-Verpaarungen sind verboten. Eine Verpaarung von Scheckung mit Weiß ist nicht zu empfehlen, denn es gibt ungesicherte Hinweise, dass ein Zusammenhang zwischen dem Auftreten von Taubheit bei weißen Katzen bestehen könnte, wenn beide Gene, Weiß und Scheckung, gleichzeitig vorliegen. Es sollte auf

Junge Britisch-Kurzhaar-Kätzchen mit Maskenzeichnung.

Linke Seite oben: Die Farbe des Katzenkindes in der Mitte kommt nur zustande, wenn es die Gene für Chocolate (Jungtier links) und Blau (Jungtier rechts) reinerbig trägt.

Das geschlechtsgebunden vererbte Rot

a) roter Kater Genotyp X^0Y – rote Kätzin Genotyp X^0X^0:

Kätzin \ Kater	X^0 weibliche Nachkommen	Y männliche Nachkommen
X^0	X^0X^0 rot 	X^0Y rot 

Kater rot
X^0Y 

Kätzin rot
X^0X^0 

b) roter Kater Genotyp X^0Y – tortie Kätzin Genotyp X^0X:

Kätzin \ Kater	X^0 weibliche Nachkommen	Y männliche Nachkommen
X^0	X^0X^0 rot 	X^0Y rot 
X	X^0X tortie 	XY nicht rot 

Kater rot
X^0Y 

Kätzin tortie
X^0X 

c) roter Kater Genotyp X^0Y – nicht rote Kätzin Genotyp XX:

Kätzin \ Kater	X^0 weibliche Nachkommen	Y männliche Nachkommen
X	X^0X tortie 	X^0Y nicht rot 

Kater rot
X^0Y 

Kätzin nicht rot
XX 

d) nicht roter Kater Genotyp XY – rote Kätzin Genotyp X^0X^0:

Kätzin \ Kater	X weibliche Nachkommen	Y männliche Nachkommen
X^0	X^0X tortie 	X^0Y rot 

Kater nicht rot
XY 

Kätzin rot
X^0X^0 

e) nicht roter Kater Genotyp XY – tortie Kätzin Genotyp X^0X

Kätzin \ Kater	X weibliche Nachkommen	Y männliche Nachkommen
X^0	X^0X tortie 	X^0Y rot 
X	XX nicht rot 	XY nicht rot 

Kater nicht rot
XY 

Kätzin tortie 

Berühmt: die Augenfarbe der Chartreux: von dunklem Gelb bis zu dunklem Kupfer – rein und intensiv.

jeden Fall keine Reinerbigkeit für eines der beiden oder gar beide Gene innerhalb der Nachkommenschaft auftreten. Außerdem wird bei der Zucht mit weißen Katzen ein Hörfähigkeitstest (Audiometrie) für die jeweiligen Elterntiere vorgeschrieben.

Farben der einzelnen Kurzhaarrassen

Britisch, Europäisch und Amerikanisch Kurzhaar

Diese Rassen sind von den Standards her in vielen Farben erlaubt. Wildfarben wie Tabby oder Tabby mit Weiß, gestromt oder getigert, mit und ohne Rot, Silber und Scheckung, gehören zu den beliebtesten Farben. Scheckung führt zu Bi- und Tricolor, je nach Verteilung der Farbflecken auch zu Van oder Harlekin.

Nicht unattraktiv sind verdünnte Farben wie Lilac und Fawn oder Chocolate und Cinnamon, die aber nur bei Britisch Kurzhaar erlaubt sind. Ebenso ist eine Maskenzeichnung in den Farben Seal, Chocolate, Cinnamon, Blue, Lilac und Fawn Point, die korrespondierenden Tabby Points und alle vorgenannten mit und ohne Rot und mit und ohne Weißscheckung nur bei Britisch Kurzhaar im Standard zugelassen.

Bleu Russe und Chartreux

Beide Rassen gibt es nur in Blau. Doch es gibt Ausnahmen, einzelne Vereine erkennen die Russische Katze auch in Weiß an. Der Typ und die Augenfarbe dieser Katzen entspricht der Russisch Blau.

Katzenausstellung

Rund um die Welt und rund ums Jahr werden Rassekatzen von Züchtern und Eigentümern zur Schau gestellt, um sie von ausgebildeten Richtern beurteilen und bewerten zu lassen – das Ganze nennt sich Katzenausstellung oder Cat Show und ist meist ein großes Ereignis an dem Ort, an dem es stattfindet. Für Katzenzüchter und Leute, die gerne mit der Zucht beginnen wollen, aber auch für Liebhaber, die ihre schöne Katze zeigen möchten, sind diese Schauen wichtig. Außerdem kann dort ein großes Publikum Rassekatzen sehen, vergleichen und bewundern. Informations- und Verkaufsstände für Bücher, Zubehör und Futter gehören ebenso zum bunten Bild einer Ausstellung wie die Prämierung der Tiere auf der Bühne.

Teilnahme mit der eigenen Katze

Termine, Orte und Anmeldeadressen der Veranstalter erfahren Sie über Zuchtvereine und Katzen-Spezialmagazine und im Internet. Mindestens fünf Wochen vor dem Termin sollten Sie die Meldeunterlagen beim Veranstalter anfordern. Mit der schriftlichen Anmeldung zur Ausstellung muss die Meldegebühr bezahlt werden.

TIPP

Wenn Sie Ihre Katze ausstellen möchten, muss sie einen gültigen Abstammungsnachweis eines eingetragenen Katzenzuchtvereines besitzen.

Vorbereitung der Ausstellungskatze

Prüfen Sie mindestens 30 Tage vor der Ausstellung, ob die Impfungen Ihrer Katze noch Gültigkeit haben. Impfungen gegen Tollwut, Katzenschnupfen und Katzenseuche müssen bei Teilnehmerkatzen up to date sein, sonst werden Sie am Einlass abgewiesen und sind vergeblich zur Ausstellung gefahren.

Wer stets auf die Gesundheit seines Stubentigers geachtet und die Ernährung der körperlichen Fitness angepasst hat, wird mit der Ausstellungsvorbereitung keine Probleme haben. Die Fellpflege der Kurzhaarkatzen ist nicht sehr aufwendig. Regelmäßiges Bürsten ist zwar ein Muss, aber man braucht es nicht zu übertreiben. Tabby-Katzen reibt man am besten mit einem Fensterleder oder einem Mikrofasertuch ab, um die Zeichnung schön zur Geltung zu bringen.

Verdünnte Farben wie Blau, Creme, Lilac und die entsprechenden Torties können zwei Tage vor der Ausstellung mit einem geeigneten Pflegepuder behandelt werden. Am Vortag wird der Puder dann restlos

ausgebürstet, am Wettkampftag dürfen keine Spuren mehr davon im Fell zu finden sein.

Dunkle Farben ebenso wie die diversen Tabbys würden durch Puder zu stumpf im Glanz. Hier hilft ein Kleiebad, um das Fell sauber und glänzend zu bekommen. Die Kleie wird auf einem mit Folie ausgelegten Blech im Backofen trocken erwärmt und anschließend warm ins Fell der Katze einmassiert. Zehn Minuten lässt man sie einwirken, dann bürstet man alles gründlich wieder aus. Wer die Kleiebehandlung zu aufwendig findet, kann Katzen, die daran gewöhnt sind, etwa fünf Tage vor der Ausstellung mit einem auf die Fellfarbe abgestimmten Katzenshampoo baden. Bei weißen Katzen bleibt eigentlich nur das Bad; besonders Problemzonen wie fettiger Schwanz, schmutziges Kinn und „gelbe" Füßchen müssen sorgfältig gereinigt werden.

Es versteht sich von selbst, dass die Ausstellungskatze frei von Parasiten sein muss. Die Öhrchen sollen innen sauber und perlmuttrosa sein. Flohbefall ist inakzeptabel und führt zum Ausschluss vom Wettkampf ebenso wie andere ersicht-

Mit Pokalen und Schleifen werden erfolgreiche Katzen auf der Ausstellung ausgezeichnet.

liche Krankheitssymptome, die bei der Tierarztkontrolle am Einlass identifiziert werden.

Bei vielen Katzenvereinen ist es mittlerweile Pflicht, dass die teilnehmenden Katzen geschnittene Kralenspitzen haben, damit das Verletzungsrisiko so gering wie möglich gehalten wird. Wenn Sie im Krallenkürzen unsicher sind, lassen Sie es sich erst einmal vom Tierarzt zeigen. Es sollen nur die gebogenen Spitzen geschnitten werden, die Blutgefäße im Innern der Kralle dürfen dabei nicht verletzt werden. Die Krallenhülle erneuert sich wieder als Ganzes, auch wenn die Spitze abgeknipst worden ist.

Katzen mit amputierten Krallen haben absolutes Ausstellungsverbot. Dies ist Tierquälerei schlimmster Art und hierzulande glücklicherweise verboten.

Nicht vergessen!

- Vorhanggarnitur für den Käfig und Bodenbelag; die Käfige haben meist die Maße 70 x 70 x 70 cm,
- Futter- und Wasserschüssel, Futter und eventuell stilles Mineralwasser,
- flache Ausstellungstoilette und Streu,
- Pflegeutensilien wie Bürste, Kamm und Fensterleder,
- einen kuscheligen Liegeplatz und Spielzeug.

Vorbereiten der Ausstellungsutensilien

Packen Sie früh genug die Sachen ein, die Sie am Ausstellungstag brauchen. Die Checkliste nennt die Dinge, die unbedingt mitgenommen werden sollten. Sie können zwar meist alles auf der Ausstellung kaufen, aber verlassen Sie sich lieber nicht darauf. Bei der Ankunft am Ausstellungsort früh am Morgen geht es meist hektisch zu. Die Teilnehmer mit ihren Katzen und das Organisationspersonal sind aufgeregt. Zur gleichen Zeit werden die Verkaufsstände oft erst aufgebaut. Außerdem erspart gute Vorbereitung eine Menge Stress.

Der große Tag

Als erstes müssen Sie vor Beginn der Ausstellung bei der Ankunft die tierärztliche Kontrolle zu passieren. Sie brauchen dazu die Meldebestätigung für die Ausstellung und den gültigen Impfpass. Dann richten Sie den Käfig her und machen es Ihrer Katze so bequem wie möglich. Der Tag wird spannend und anstrengend – für Sie selbst und Ihre Katze. Meist gehen Sie mit Ihrer Katze im Laufe der Ausstellung wenigstens einmal, oft aber mehrmals zum Richter. Vielleicht will er sie für die Auswahl zum Rassesieger oder zur „Best in Show“ (Ausstellungssieger) qualifizieren. Wenn der Tag sehr erfolgreich verläuft, wird die Katze bei der Siegerehrung auf der Bühne dem Publikum vorgestellt. Aber auch sonst sollten Sie nicht enttäuscht sein – bei der nächsten Ausstellung gibt es andere Richter und andere Konkurrenz. Sie

können manche interessanten Dinge über die eigene und andere Katzenrassen erfahren, wenn Sie beim Richten zuschauen und zuhören und sie können viele Leute kennenlernen. Langweilig ist es auf einer Katzenausstellung also nie!

Jungen Katzen macht ein Tag auf der Ausstellung meist weniger aus als älteren. Trotzdem – ein Mäusetanz ist immer noch das Größte!

Verzeichnisse

Internationale Dachorganisationen der Zuchtvereine

The Governing Council of the Cat Fancy (GCCF)
4-6, Penel Orlieu
Bridgewater, Somerset
TA6 3PG
England

World Cat Federation (WCF)
Geisbergstr. 2
45139 Essen
Deutschland

Fédération Internationale Féline (FIFe)
17 Rue du Verger
22665 Luxembourg
Luxemburg

The Cat Fancier's Association Inc. (CFA)
1805 Atlantic Avenue, P.O. Box 1005
Manasquan, New Jersey
USA

TICACATS
German-American Cat Club e.V.
An der Klinge 44
74858 Aglasterhausen
Deutschland

European Group Cat Association (EGCA)
Durchstr. 31
44265 Dortmund
Deutschland

World Felidae United (WFU)
Tövener Str. 22
46499 Mehrhoog
Deutschland

Internet

www.edelkatzen.de
www.katzen.yellopet.de
www.tierservice.com

Der Verlag Eugen Ulmer ist nicht verantwortlich für den Inhalt von Internet-Links.

Katzenzuchtvereine

Für Deutschland, Österreich und die Schweiz sind die Adressen der jeweiligen angeschlossenen Vereine bei den Dachorganisationen zu erhalten.

Literatur

Bücher

Evans, M.: Katzenkinder aufziehen. Verlag Eugen Ulmer, Stuttgart 1997.

Fogle, B.: Die BLV Enzyklopädie der Katzen. BLV Verlagsgesellschaft München, München 1997.

Götz, E.-M.: Wohnen mit Katze. Verlag Eugen Ulmer, Stuttgart 2006.

Herrscher, R. und H. Theilig: Der Kosmos-Katzenführer. Kosmos Verlag, Stuttgart 1994.

Laukner, A.: Katzen füttern. Verlag Eugen Ulmer, Stuttgart 2007.

Leyhausen, P.: Katzenseele. Kosmos Verlag, Stuttgart 1996.

Marshall Thomas, E.: The Tribe of Tiger. Weidenfeld & Nicolson, London 1994.

Norten, E. und J. Pütz: Das Hobbythek – Katzenbuch. VGS Verlagsgesellschaft, Köln 1997.

Rixon, A.: Katzen der Welt. Könemann Verlagsgesellschaft mbH, Köln 1996.

Robinson, R.: Genetics for Cat Breeders Third Edition. Butterworth-Heinemann, Oxford 1991.

Tabor, R.: The Rise of the Cat. BBC Books, London 1991.

Tabor, R.: Die Sprache der Katzen. Verlag Eugen Ulmer, Stuttgart 2006.

Thies, D.: Rassekatzen züchten. Kosmos Verlag, Stuttgart 1997.

Zeitschriften

Katzen extra. Symposion Verlag, Saarbrücken.

Geliebte Katze. Gong-Verlag, Ismaning.

Our Cats. Minerva Verlag, Viersen.

Katzenmagazin. Roro-Press, Dietikon, Schweiz.

Sowie die Vereinszeitschriften der Katzenzuchtvereine.

Bildquellen

Grimm, H., Bietigheim-Bissingen: Seite 29, 64.
IPO, Linsengericht: Seite 48, 63 unten.
Juniors, Senden: Seite 3 unten, 41 unten.
Juniors/(S. Born): Seite 4.
Juniors/(J. Lindner): Seite 15.
Juniors/(M. Rutz): Seite 2, 13.
Juniors/(U. Schanz): Seite 7, 8, 45, 54, 72.
Juniors/(Chr. Steimer): Seite 51, 52, 53.
Klein, J.-L. / Hubert, M.-L., (Lupstein, Frankreich): Titelfoto, Seite 1, 3 oben, 11 unten, 18, 21, 23, 31, 32, 37, 46/47, 50, 77, 84, 87, 93.
Kuhn, R., Herleshausen/Stuttgart: Seite 5, 9, 14, 35, 39, 41 oben, 42, 49, 58, 59, 60, 63 oben, 70, 71, 78, 91.
Mauritius, Stuttgart: Seite 17, 44.
Reinhard, H., Heiligkreuzsteinach: Seite 26, 89.
Schanz, U., Heimstetten: Seite 24, 27, 33, 56, 69, 74, 75, 76, 85.
Stolp, J., Echterdingen: Stammbaum Seite 11 oben.

Sämtliche Zeichnungen fertigte Christiane Gottschlich, Berlin, nach Vorlagen der Verfasserinnen.

Danksagung

Granite, ein wackerer blauer Brite, der frei und wild in meinem Hinterhof in Cork City, Irland, lebte, mit den Kätzinnen der Nachbarschaft allerlei bunte Kinder hatte, darunter auch Beastie, inspirierte mich zu diesem Buch. Ihm, Simba und Lisa of Dreamcastle im Namen aller anderen begabten Katzenmodels, thank you.

Großer Dank den Menschen, die an diesem Buch mitgewirkt haben: unserer Lektorin Dr. Nadja Kneissler für fachliche Begleitung und Anregung, den Fotografen und der Zeichnerin für ihre einfühlsame Art, die Tiere darzustellen und ganz besonders all jenen, die hier nicht einzeln genannt werden können.

Register

Impressum

Bibliografische Information der Deutschen Bibliothek
Die Deutsche Bibliothek verzeichnet diese Publikation in der Deutschen Nationalbibliografie; detaillierte bibliografische Daten sind im Internet über http://dnb.ddb.de abrufbar.

Wollgrasweg 41, 70599 Stuttgart (Hohenheim)
E-Mail: info@ulmer.de
Internet: www.ulmer.de
Umschlaggestaltung: Atelier Reichert, Stuttgart
Lektorat: Dr. Nadja Kneissler, Silke Behling
Herstellung: Ulla Stammel
DTP: Satz+Layout Fruth GmbH, München
Druck und Bindung: Firmengruppe APPL, aprinta druck, Wemding
Printed in Germany

ISBN: 978-3-8001-5328-2